Calunga

"Um dedinho de prosa"

CB053529

© 1995 por Luiz Antonio Gasparetto
Projeto e coordenação: Luiz Antonio Gasparetto
Capa: Renoir, psicopictoriografada pelo Médium Luiz A. Gasparetto
Produção gráfica: Kátia Cabello
Edição: Lizete Benetuze
Revisão: Maria A. Medeiros, Ana Maria Littiéri

1ª edição — 12ª impressão
2.000 exemplares — agosto 2023
Tiragem total: 96.000 exemplares

Dados Internacionais de Catalogação na Publicação (CIP)
(Câmara Brasileira do Livro, SP, Brasil)

Calunga (Espírito).
Calunga : "um dedinho de prosa" / [canalização] por Gasparetto. — São Paulo : Centro de Estudos Vida e Consciência Editora, 2008.

ISBN 978-85-85872-25-0

1. Calunga (Espírito) 2. Canalização (Espiritismo) 3. Espiritismo
I. Gasparetto. II. Título.

08-05606   CDD-133.93

Índices para catálogo sistemático:
1. Mensagens psicografadas : Espiritismo 133.93

Todos os direitos reservados. Nenhuma parte desta edição pode ser utilizada ou reproduzida, por qualquer forma ou meio, seja ele mecânico ou eletrônico, fotocópia, gravação etc., tampouco apropriada ou estocada em sistema de banco de dados, sem a expressa autorização da editora (Lei nº 5.988, de 14/12/1973).

Este livro adota as regras do novo acordo ortográfico (2009).

Vida & Consciência Editora e Distribuidora Ltda.
Rua das Oiticicas, 75 — São Paulo — SP — Brasil
CEP 04346-090
editora@vidaeconsciencia.com.br
www.vidaeconsciencia.com.br

por

Gasparetto

Calunga

"Um dedinho de prosa"

Agradecimento

Toda energia que se acumula
para realizar uma obra
vem de muitos canais.
Quero agradecer a Lizete Benetuze
pelas horas e pelo amor que dedicou,
também a Kátia Cabello,
Maria A. Medeiros Lima,
Ana Maria Littiéri,
Leila Alexandre e
Miriam Morato
pelo carinho e pela atenção.
Os canais podem ser muitos,
mas a fonte é uma só.

Luiz Gasparetto

Sumário

Apresentação 7
Somos todos chamados a contribuir com o ambiente 11
Os grandes homens falam com a alma 13
Escute só a sua voz interior 22
Aqui é o melhor lugar do mundo para você 25
Não queira mudar o seu jeito de ser 27
A cada reação corresponde uma ação 29
Sem acreditar em Deus, ninguém é moderno 31
Acorde... para a grandeza da vida 35
Você é um espírito livre 40
Amor só é bom sem sacrifício 43
Use sua força a serviço da essência 45
Todo caminho é caminho de Deus 47
Quem manda perde sempre 49
Tudo na vida depende 54
Viva só sob a influência do seu mundo interior 57
O casamento não resolve nada 62
Quem é pequeno não precisa botar panca 66
Síndrome da modernidade 70
Deus sempre dá o melhor para você 74
A gente só complica para não ver a verdade 76
Bom empregado é pau para toda obra 78
Autorresponsabilidade 81
Cada um está onde se colocou 91
Ser só o que se é 96
Mãe arrogante *versus* mãe consciente 98
Quem mete o bedelho só arruma confusão 100
Sentir só com os sentidos da alma 104
A vida obedece às suas escolhas 108
A paz está dentro de nós 109
O caminho da simplicidade 114
Tudo na vida tem jeito 115
Para que exagerar o que já não é bom? 120
Pode você viver sem coração? 122
Acabe com os vícios mentais 127
Ninguém pode abrir mão do poder de escolha 132
Tudo muda, até o passado em você 134
O bom humor é espiritual 138
Parábola dos Talentos 140
Se é bom, é meu 142

Só dá para ser pessoal com você mesmo 146
O pobre de mim 150
Você vai viver do que plantou 152
Tudo é muito fácil 156
Vida é transformação 158
O compromisso com a sua verdade interior 160
O fluxo do dar e receber 165
O sentido da vida 169
Falar de alma para alma 174
Ouvir com o coração 176
A terceira idade é a idade do espírito 178
Pare com a guerra interior 181
Em sintonia com a faixa divina 184
A tabuada da matemática cósmica 186
Quem se expressa realiza 188
Coração & mente 194
A verdadeira consciência espiritual 196
Você nunca está sozinha 201
Sentir a vida com profundidade 203
Você é o seu próprio juiz 207
Briga de energia 209
Viver sem medo 211
Quem luta sempre perde 213
Deixe-se encantar pela vida 215
No fim, todo caminho é sempre certo 217
Problemas de família 221
Criar filho sem complicação 225
O amor é provocado 227
Saia da panca 233
Quem procura... sempre acha problema 238
Para se autoestimular 241
Viver é correr riscos 247
O mundo é dos fortes 250

Apresentação

A mediunidade é, sem dúvida, a mais espetacular qualidade da natureza humana. Por mais que existam pessoas tentando combatê-la, criando dúvidas ou perseguindo e desmoralizando sua veracidade na tentativa de rebaixá-la à condição de "coisa de gente ignorante", chegando mesmo a proibir o seu exercício sistemático ou torturando e transformando os autênticos médiuns em mártires de suplício em prisões ou fogueiras, como ocorreu há poucos anos, a mediunidade permanece viva e fresca como se nada houvesse acontecido. Ela parece ter uma constante capacidade de renovação e persistência, provando ser uma maravilhosa manifestação da verdade.

Para quem sabe compreendê-la, ela se mostra a responsável pelas grandes e importantes alterações dos destinos da humanidade. Seja nas leis de um povo, ditadas por um médium como Moisés, seja na moral de Jesus, seja nas batalhas enfrentadas por Joana d'Arc.

Ou nas ciências, por meio das revelações inspiradoras de grandes teorias, ou ainda nos governos, como os sábios das cortes, e nas organizações tribais, onde as revelações se mostram indispensáveis, uma vez que uma tribo não consegue sobreviver sem o seu xamã. Curando, revelando, orientando, unindo o visível com o invisível, o possível com o impossível, o profano com o divino, é a mediunidade uma virtude das mais nobres, cujas funções são indispensáveis para a sobrevivência da humanidade.

Pelo seu caráter revelador da Verdade e seus aspectos incontroláveis, pelos caprichos dos ambiciosos egoístas, sequiosos de poder, a mediunidade tem sido perseguida, pois é óbvio o desconforto dos religiosos e políticos que tentam manipular a opinião pública. As pessoas cegas pela ilusão de se verem separadas do contexto da natureza e sentindo-se movidas pela ditadura do seu ego, sentem dificuldade em reconhecer os infindáveis recursos da natureza em si e nos outros.

Há mais de trinta anos, venho praticando a mediunidade e aprendendo a reconhecer que a realidade é muito mais ampla e significativa do que eu ousava acreditar.

Ao resolver compilar e editar as ideias do Calunga, tenho apenas a intenção de repartir com vocês a visão inteligente e brilhante de um desencarnado que, com sua humildade, ternura e paciência, pode nos despertar da hipnose da materialidade, que tanto nos faz sofrer, e, ao mesmo tempo, nos encantar com a beleza de verdades sinceras e amplas.

Durante muitos desses anos, eu estive trabalhando com os gênios da pintura numa tentativa de trazer mais evidências sobre a vida após a morte e a realidade da mediunidade como dom natural. Viajamos por grande parte do mundo, fazendo demonstrações de pintura mediúnica, onde fomos sempre muito bem recebidos, o que prova a grande transformação que está se realizando na mentalidade humana. Hoje, os pintores me visitam esporadicamente, uma vez que as necessidades das pessoas parecem ter mudado, e os desencarnados, interessados em promover a nossa evolução, mudaram o modo de me usar como um veículo de trabalho. Hoje, as pessoas necessitam de autoconhecimento e de uma nova visão de vida que lhes dê uma perspectiva existencial estimulante e revitalizadora. É aí que entra o Calunga em nossas vidas.

Ele começou a me procurar há oito anos. Naquela época, o seu modo arrojado e informal de ser me assustou, mas, com o tempo, fui reconhecendo nele uma sabedoria e uma bondade incomuns que me cativaram por completo.

O Calunga brinca muito. Tem um senso de humor astuto e agradável, que se mistura à sua inteligência quase genial, e uma capacidade de ser terno sem ser piedoso que lhe dá um jeitinho cativante e, muitas vezes, um charme arrebatador. Tudo isso faz dele uma pessoa profundamente capacitada para dar orientação. Costuma-se comentar que o seu maior dom é a sua capacidade de falar duras verdades sem que a pessoa se ofenda. Para mim, ele tem se mostrado um grande mestre e um estimado amigo.

Às vezes, em tom de brincadeira, ele se gaba de ser o único desencarnado, ou "difunto", como ele se chama, a ter um programa de rádio.

Realmente eu não tenho notícias de nenhum outro espírito a fazer rádio semanalmente, como ele faz todas as sextas-feiras, às 10 horas da manhã na Rádio Mundial (95,7, FM).

Ele disse em uma de suas comunicações: "Eu estou tão feliz e assanhado que digo aqui para os meus colegas que sou a única entidade que tem programa de rádio no mundo. Estou botando uma banca danada. Eles dão risada de mim.

Aí, eu digo: 'Vocês não podem falar comigo assim, porque agora eu sou importante, pois sou a única entidade que fala em rádio'. Também sei abusar aqui um pouco do povo, fazendo as minhas exigências. E o povo ri comigo, e nem me leva a sério. A gente trabalha rindo, consciente, lúcido, responsável, mas prestando atenção em tudo o que faz".

O que realmente é fundamental são os conselhos dele. É a visão de um espírito desencarnado, portanto, de uma outra dimensão, que pode nos ajudar a corrigir e ampliar nossa visão da realidade.

Apesar de convivermos com a ideia de eternidade há mais de cinco mil anos, ainda não agimos cotidianamente como se esta realidade realmente existisse. Nos demoramos na materialidade e sofremos as consequentes desilusões.

O Calunga nos conta que morreu aos 54 anos na sua última reencarnação de meningite, como consequência da sua época de juventude. Ele nos fala:

"Eu e minha avó africana fazíamos muita magia negra para judiar dos brancos que judiavam dos pretos. Era uma verdadeira guerra. Então, fiquei compromissado.

Nessa mesma vida, tive a visita de uma entidade superior, como a visão de uma santa, que apareceu-me quando eu estava fazendo um trabalho em uma cachoeira. Ela me transmitiu um amor tão grande e poderoso como eu jamais havia sentido e me pediu para parar com aquele mal e me salvar da lei do retorno ou, senão, nada poderia ser feito a meu favor e eu passaria a sofrer um pesadelo infernal.

Comovido com aquele amor, eu me transformei e resolvi usar a magia para curar as pessoas, mas fiquei com a cicatriz, o remorso pelo que tinha feito. Foi ele que me levou a ter aquela doença e desencarnar. Eu morri no começo do século XX. Logo que aqui cheguei, os mentores me puseram no trabalho. 'Vamos trabalhar, Calunga', me disse um mentor. 'Para poder se livrar de seus remorsos, será necessário ajudar aqueles a quem você prejudicou, senão nunca irá se curar.'

E aí eu fui ajudar os brancos e os negros com quem eu havia me compromissado diante de mim mesmo, pois Deus não cobra nada, mas nossa Alma é exigente. Eu só senti alívio depois de ajudar. Aí eu gostei e pedi permissão para continuar, pois com o trabalho me mantenho lúcido e aprendendo.

Por isso, quis conservar minha aparência de preto. Estou acostumado a ela e nem saberia mais ser branco como fui em algumas vidas passadas na Europa. Além do mais, eu gosto da minha negritude com seus atributos naturais que me facilitam lidar com as forças mágicas. No entanto, quero ver se reencarno como mulato para não exagerar nem de um lado nem de outro".

Espero que você, leitor, possa aproveitar tanto como eu tenho aproveitado as energias renovadoras que o Calunga traz em suas mensagens.

Luiz Gasparetto

Somos todos chamados a contribuir com o ambiente

A gente vai vivendo o grande espetáculo da vida, porque a vida é um grande espetáculo, sempre a nos trazer novidades, sempre a nos tocar a alma, sempre a fazer com que nós tenhamos constantemente a oportunidade de aprender a lidar com os tesouros que ela própria nos reservou. Reservou, dentro de nós, poderes incalculáveis. E somos nós aqueles que irão utilizar esses poderes em nosso benefício e em benefício dos outros.

Cada um é chamado a movimentar o seu poder interior. É o poder do amor, é o poder da realização, através da fé, é o poder da escolha, da concentração, é o poder da imaginação e o poder de movimentar os conteúdos da sua mente para que ela realize, por intermédio do subconsciente, tudo aquilo que é seu destino, tudo aquilo que você experimenta e experiência.

Desde a dor até os grandes prazeres e as grandes conquistas, tudo é provocado pelo uso constante do seu poder de crença, de pensamento, de fé. Como isso impressiona a mente, a mente vai, com a sua virtude divina de transformar os pensamentos em realidade, ao longo do seu dia, escrevendo os seus momentos, atraindo os companheiros, atraindo as situações difíceis, atraindo inimigos. Seja como for, contrastando você com o outro, vai desenvolvendo a sua consciência, o seu discernimento, o seu aprendizado.

A gente vai vivendo com aquilo que escolhe acreditar. E conforme escolhe acreditar, a gente confecciona o nosso destino. O nosso destino está, em grande parte, em nossas mãos. Está nas suas mãos, esteja você profundamente consciente disso ou não. Parece que a natureza não se incomoda. Assim mesmo, ela deu a nós o arbítrio e, por meio dele, nós vamos construindo o nosso roteiro.

Todo mundo é chamado, neste mundo, a contribuir no ambiente social, a contribuir com seus pensamentos e ações para que a mente social possa influenciar também o destino do seu grupo, da sua cidade, do seu país.

Os grandes homens falam com a alma

A partir da catástrofe que aconteceu com o campeão de corrida Ayrton Senna, tivemos o exemplo de um fenômeno muito interessante que o brasileiro tem mostrado diante do espetáculo da vida. Esse moço brilhante, ao longo da sua carreira, impressionou muito a todos pela sua ousadia, pela sua vitalidade, pela sua integridade de vida e capacidade de realização.

A sua morte despontou no coração de todo mundo um sentimento profundo pela vida, como se o povo, de repente, acordasse e não só percebesse mas também demonstrasse o seu grande amor pela vida e pelas vitórias. Na sua figura, cada um se sentia um pouco campeão, um pouco participante da mente social que impulsiona as grandes personalidades a realizar grandes feitos. Isso porque um homem não faz nada sozinho. O homem age com o somatório das vibrações de seus amigos, daqueles que compartilham das suas ideias.

O que seria de Jesus Cristo se não fossem os apóstolos e a multidão que o seguia? Teria sido esquecido, teria sido apenas um dos milhares de profetas que passaram e

13

que nada deixaram? Mas, não. Cristo se perpetuou através das pessoas. Ele se perpetuou através do que Ele despertou no coração do homem. E foi com Cristo despertado em cada coração — porque Cristo está em todos nós, seja Ele Buda, seja Ele Jesus — que nós conseguimos imortalizar os seus conhecimentos que acompanharão a humanidade para sempre. Assim também são os grandes feitos dos grandes homens.

Os verdadeiros homens são aqueles que tocam a alma do ser humano.

Milhares de militares, reis, presidentes, cientistas, políticos, filósofos, artistas desapareceram para sempre. Mas há sempre aqueles que permanecem imortais, não é verdade? Vocês vejam aí o exemplo do grande compositor Johann Sebastian Bach, que foi um homem fantástico, de uma capacidade artística que nos impressiona até hoje. Que fantástica é a obra daquele que se imortaliza, que está aí presente, como Mozart. E por mais antigo que seja, ele se mostra moderno, renovado a cada instante.

Você ouve uma música dele e, quando vai ouvir outra vez, parece que a música é nova. Ela vai lá dentro e, no segredo da sua intimidade, sussurra as belezas da vida e desperta para a grandeza do homem, desperta para a força, para a coragem, para o ânimo. Então, fala com a alma. Assim são todos os artistas: os pintores, os escultores...

E também aqueles homens que, muitas vezes, na época em que viveram não foram reconhecidos mas tinham dentro de si o Verbo Divino. Eles falavam ou escreviam, representando as forças superiores. E, por meio de suas obras, quando as lemos ou recordamos, nos sentimos novamente tocados em profundidade.

Assim são os grandes campeões, porque não é apenas no esporte que existe o campeão. Existe o campeão na música, existe o campeão na filosofia, na espiritualidade, na política, não é verdade? Hoje o povo fala de Napoleão. Dos outros que até ganharam dele nem se ouve falar. Mas Napoleão está aí, como se fosse vivo até hoje.

Que coisa impressionante é o poder do homem que, representando uma força e um grande anseio da humanidade, consegue tocar no fundo do coração de cada um. Assim também Alexandre, o Grande, está aí no pensamento de cada um. Até Tutancâmon, que viveu há tanto tempo, está aí com o seu fasto, com a sua riqueza, com o seu poder de emancipação e de prosperidade até hoje lembrados, com os restos da sua tumba imortalizando a sua personalidade e o seu carisma.

É surpreendente como certos homens conseguem permanecer vivos. Vocês sabiam que Lao-tse, um dos fundadores do taoísmo, era um escrivão que registrava as histórias da corte? Era uma função nobre, mas de simples funcionário da corte. E, um dia, ele se desencantou de tudo aquilo e foi embora para as montanhas. Lá, conseguiu compreender as leis da vida. Na verdade, não as escreveu. Lao-tse conversava muito com um soldado das muralhas que tomava nota de tudo o que esse homem maravilhoso dizia. Hoje, esses escritos são uma das maiores obras da literatura espiritual. Que coisa, não? Lá no fim do mundo, dois homens conversando e fazem assim uma das maiores obras escritas da humanidade! Não tem Deus por trás? Só pode ter, minha gente.

Esses seres especiais trazem em si a grande estrela do compromisso social.

Por mais que eles se escondam no meio do mato, vão dominar o mundo e suas obras permanecerão, porque eles têm o carma do mundo. É o pessoal de compromisso com a humanidade, que é atingido através de muitas vidas, em que a pessoa se vê envolvida em situações políticas, econômicas ou científicas, enfim, de ordem internacional, e acabam formando vínculos profundos com as nações, se tornando figuras praticamente sem nação, internacionais. Quando elas nascem, não importa se vão correr de carro ou jogar futebol, como Pelé, não interessa. São figuras que trazem em si a marca da internacionalidade. E com isso elas atingem todo mundo com sua obra e, assim, cumprem com sua responsabilidade diante do governo planetário.

O governo planetário é uma junta imensa de espíritos que dirige o planeta Terra. Esse grupo é chamado de Grupo Crístico. Eles estão movimentando seus recursos, em todos os sentidos, na economia, na literatura, na política, nas indústrias, na direção do progresso científico, do progresso tecnológico. Tudo o que é movimentação na Terra, até as guerras, tudo parte deles. Tudo depende da permissão deles, quando sentem que são necessárias de-terminadas experiências para o homem progredir: o fluxo de reencarnação — quem deverá ficar ou sair da Terra, quem poderá ou não reencarnar e em qual situação —, se extraterrestre pode entrar aqui ou não. Tudo porque a Terra é um planeta ainda fechado por uma capa magnética, de força, por esse grupo e não entra ou sai daqui nem uma alma de pernilongo, ninguém faz uma viagem astral sem o consentimento ou a permissão dos Líderes Crísticos que governam este mundo e o progresso deste grande projeto que é a Terra. São eles que determinam, a partir da escolha de pessoas especializadas, quem deverá ser internacional, quem deverá afetar o mundo e em que proporções deverá afetar também. E eles fazem com que cada um siga o seu roteiro com tanta facilidade, com tanta força!

Mas chega o momento em que esses seres precisam parar com o seu trabalho, pois o trabalho tem limite. Gandhi teve que parar, Jesus teve que parar. Muitos desses homens tiveram que parar quando parecia que estavam na sua glória, quando parecia que estavam no momento de maior expressão do seu trabalho. Uma vez perguntei aos Agentes Crísticos, com os quais às vezes a gente conversa no mundo astral, por que esses grandes homens que estão nos grandes trabalhos de orientação da vida morrem de forma tão trágica e repentina, como aconteceu com Jesus, Pedro, o apóstolo, Gandhi, John Kennedy, gente tão boa, ainda com tanta tarefa humana, enquanto outras pessoas vão até a velhice. Por que existe repentinamente o corte? Eles me responderam:

— A Terra depende única e exclusivamente da vibração que ela produz. Os seres e habitantes da Terra alimentam ideias. Essas ideias formam o destino do planeta, que é regido pelas entidades encarnadas e desencarnadas que movem o destino. Quando as pessoas são muito positivas e prósperas, os seus líderes têm sucesso. Mas quando elas são pessimistas, derrotistas, negativas, os seus líderes fracassam.

O bom líder é aquele que sabe acender o ânimo dos que lidera.

O bom líder é aquele que consegue fazer com que os corações vibrem, acreditem e imponham a sua força mental. Pois é por meio da força mental de seus seguidores que um líder pode chegar a concluir suas obras. Se seus seguidores, no entanto, vacilam na sua fé e no seu entusiasmo e voltam ao pessimismo, o líder cai. Assim, caem todos aqueles que estão, às vezes, no auge. Quando o pessimismo de um povo se torna muito denso, quando suas críticas para com tudo se tornam muito violentas e seus pensamentos vão se aglomerando na mente social de tal forma que começam a se materializar, vão atingir aqueles pontos nevrálgicos, pontos de concentração muito grande.

Você veja uma Europa profundamente negativa a permitir que, através dessas forças destrutivas, líderes horrendos subam ao poder e acabem sempre na guerra e na desgraça. A desgraça que o povo projeta acaba caindo sobre ele. Tudo o que você pensa acaba caindo sobre você. Ora, um líder maravilhoso como Jesus, que estava emancipando Israel, que estava emancipando o coração, a mente e a filosofia de toda uma época, que veio como um grande reformador, dependia da fé dos seus discípulos, dependia da fé dos seguidores próximos e dos que não eram tão próximos. O seu maior seguidor o negou três vezes antes de sua morte. E Jesus já havia percebido que a fé desses homens não iria aguentar e que Ele teria que passar por aquilo que aqueles homens haviam criado, pelo tribunal do seu próprio povo, que o negava, pelo tribunal da consciência dos seus próprios seguidores que o negavam.

Jesus sabia que não teria condições de continuar daquele ponto em diante. Por isso, Ele sobe ao monte e reza:

— Pai, se puderes tirar este cálice amargo da minha vida, tira. Mas, se não, que seja feita a Tua vontade.

Ele percebeu que a mente social estava contra, e não a favor. Por isso, Ele sofreu o que sofreu e a sua missão foi cortada. Assim também Gandhi, que, enquanto lutava contra os ingleses, era um homem apoiado pela consciência do seu povo. E seu povo o obedecia mesmo quando martirizado pelos ingleses e permanecia em sua atitude imperturbável, de quem não queria mais os ingleses na Índia. Foi Gandhi que ganhou ou foi o povo que ganhou? Depois da conquista dos ingleses, eles tomaram o país e começou a guerra religiosa. Aí, o povo se dividiu, e Gandhi foi visto como um elemento pernicioso. Então, o poder dele acabou e a violência do pensamento materializou um criminoso, que, representando o pensamento de uma nação, o fez desencarnar de forma violenta.

A morte de Ayrton Senna fez vocês ficarem tão tristes, com toda razão, pois era um moço tão saudável, tão bonito, com um feito tão bonito na vida, um homem tão querido pelo povo porque era uma pessoa meiga, audaciosa, interessante, amada por todos, até pelos próprios concorrentes no esporte. Enfim, era uma pessoa digna do maior respeito e da maior apreciação. Mas, no auge da sua vida, ele também se vê limitado e não mais podendo ficar na Terra.

São as forças espirituais, as forças da sua nação, as forças do seu povo com seu pessimismo que formam esses destinos amargos. É a força da gente com o nosso pessimismo contrário à Terra sempre depreciando tudo o que ela tem, toda essa generosidade divina, esse sol que brilha sempre, esse céu sempre azul, essas matas sempre verdes, essa possibilidade de uma vida tão bonita que tem esta terra que a gente chama de Brasil. Mas que é um pedaço de Deus materializado. É uma visão de Deus, dos Espíritos Crísticos materializada. É a Terra do novo espiritualismo, de onde sairá a visão da Nova Era.

É, minha gente, por mais que vocês desfaçam deste país, muitas vezes se sentindo envergonhados pela ignorância dos seus companheiros, pela ignorância do brasileiro em atacar pedra na sua própria mãe. É, porque a sua pátria é a sua mãe. Mesmo que isso aconteça, nós vamos formando com esse pessimismo em volta de nós o espírito da derrota, acreditando que somos menos, que somos derrotados, que somos inferiores, que o produto americano é melhor, que aqui não adianta nada... Assim, vamos plantando o desânimo, o fracasso, em vez de plantar a coragem, o amor, o capricho, não é verdade? E isso vai ficando na mente.

Quando alguém se destaca, levando e representando essa nação, pode ir até o momento em que a fé dessa nação esteja firme e forte. Mas, quando vocês vacilam na própria fé, esses representantes também perdem suas forças, às vezes ao ponto de precisarem desencarnar. Então, minha gente, a nação inteira chorou a perda. Mas, como ele vem para cá, nós ganhamos. Vocês ficam aí, vocês perdem aquele representante querido, que tanto deu a vocês esse sentimento de amor à vida.

Mas também se chora muito a visão da realidade, de como nós estamos com vergonha de amar a própria pátria, a própria casa e a própria gente e de dar o melhor que temos ao nosso povo, àquele irmão de reencarne. Pois o outro brasileiro é seu irmão de reencarne, inclusive eu, que me sinto brasileiro, porque a minha última reencarnação foi aqui. Então, eu me sinto ainda envolvido com isso tudo. E também me sinto parte desse processo e participo como posso, como estou fazendo. Nós todos juntos sentimos a dor dessa partida. Mas nós aqui estamos fazendo festa, porque o Senna chegou aqui.

Que sirva para nós de grande lição, porque nós precisamos manter o otimismo. A gente precisa torcer por essa pátria a cada instante. Acordar e lançar luz sobre essa cidade, capricho no seu trabalho, amor pelo que você faz. Não somos o maior país do mundo, não, nem o melhor. Mas o que nos interessa é que amemos o nosso país. Não vamos amar mais do que podemos amar os outros. Hoje esse país aqui é seu, mas amanhã você pode nascer no Japão, nos Estados Unidos, na África. Então a gente vai respeitar todo mundo.

De uma vez por todas, a sua casa merece uma atenção especial. Então a sua casa, que é a sua pátria, merece crer que somos capazes, que temos valor, que podemos realizar o bem, que podemos fazer as coisas bem-feitas e que temos um grande valor dentro de nós. Doravante, que esse sentimento de amor, que se manifestou de forma tão bonita, permaneça ligado e aberto para todos os grandes líderes e representantes, para cada jogador de futebol, para cada piloto de corrida, para cada artista. Como os artistas precisam ser amados para continuar o seu trabalho de cultura, de arte, tão importante! Seja artista de rádio, de televisão, de música erudita ou popular, precisa ser respeitado, amado. Precisa ser entusiasmado para que ele, por meio do seu talento, possa trazer a mensagem de cultura e de espírito para todos nós. Que os políticos sejam amados e inspirados, vigiados, acompanhados, cobrados, que participemos com a nossa vibração positiva, com a nossa ação positiva e espiritual dentro da sociedade. Porque é assim que vamos fazer por merecer.

Só podemos ter aquilo que plantamos. Se plantamos a tempestade, vamos colher os ventos do dissabor.

Vamos refletir com profundidade sobre o significado de que ser brasileiro é apenas o desejo de amar. Amar é muito mais que ser patriota, amar é o desejo do bem em todo lugar. Vigie a sua cabeça contra a maldade e a malícia. Abra o seu coração para o bem, para acreditar no bem. Não tenha medo de ser bom. A bondade traz sempre a recompensa. E você, meu filho, que gosta de ser malandro, curve-se diante da sua ignorância e abra o seu coração para o bem. Acreditar no bem, acreditar no melhor não é mal nenhum, nem vaidade. É apenas o desejo de materializar, para você e para os outros, um bem muito grande.

Escute só a sua voz interior

— Calunga, as coisas para mim caminham como se fosse um tobogã. Um dia estão lá em cima, outro dia vão lá para baixo. O que fazer? — pergunta uma ouvinte.

— Quer dizer que, quando começam a melhorar, pioram? Ah, eu já sabia. Você tem limites para o sucesso. Você estipulou limites até onde o sucesso lhe é seguro. Até aquele ponto vai, depois, mexe com a sua insegurança, com seus medos. Aí, então, começa a degringolar. Você precisa começar a compreender o que são esses pontos de insegurança. No que está baseada a sua insegurança? No que tanto o amedronta o sucesso? Medo do que você tem? É inseguro, por quê? Por que não está do seu lado? Por que chega uma hora em que perde a confiança em si e vai atrás dos outros? Por que não dá todo o crédito para você? Por que não escuta a sua intuição e não vai em frente? Quando a gente tem sucesso, todo mundo quer dar palpite.

— Por que não faz assim? Por que não faz isso?

— Se a gente escuta os outros, aí a gente cai. Veja quem está indo bem, um cantor que está seguindo seu caminho. Ele vai bem e começa a fazer sucesso, seguindo sua intuição, seu estilo, sua natureza. Depois que fica famoso, vem produtor, vêm esse e aquele, dizendo:

— Você precisa cantar tal música, porque está na moda, precisa fazer isso...

— Aí, ele vai. E fica tão perturbado que começa a cair, a cair, e se arrebenta. Nos negócios é a mesma coisa. Todo mundo quer dar palpite.

— Por que você não cobra mais, já que está com sucesso? Vai cobrar só isso?...

— Vêm todos os pensamentos ruins, em vez de continuar na sua intuição, não é verdade? Não pode escutar os outros. Você tem que escutar só você. E quando você cai, como não tem mais ninguém para perturbá-lo, você vai se escutar:

— Ah, acho que vou fazer isso, vou fazer aquilo. Estou com vontade de tentar por aqui. Estou com uma intuição de ir por ali.

— Aí você vai e começa a melhorar, a melhorar. Quando começa a fazer sucesso, pronto. Lá vem você com essa insegurança de novo. Olhe, meu filho, aprenda a lição. Não escute ninguém, não. Escute só a sua voz interior, a sua intuição. Chegam os outros e dizem:

— Ah, como você é bobo. Por que não fez assim? Ganharia mais dinheiro...

— Não escute. Diga a si mesmo: fiz do jeito que fiz e está bom assim. Não vou desmerecer o meu trabalho por ninguém. Eu vou no meu passinho, mas vou seguro em mim, porque Deus vai me fazer sentir o que é melhor para mim. E como Deus pode olhar tudo, Ele vai me intuir. Agora esse povo cego que mal consegue enxergar um palmo na frente do nariz, o que vai me dizer? Vai me dizer nada. Na minha vida, ninguém é melhor que eu: nem médico, nem político, nem religioso, nem aquele que é diplomado. Eu sou o melhor para decidir na minha vida e vou tomar a minha decisão sozinho, aqui dentro. Não quero escutar os outros.

Aí está dito. Dito pelo não dito, não dito pelo dito, está tudo falado. E se está falado, está falado de coração, espontaneamente. E é uma boa lição para a gente. É bom tomar cuidado para não escutar o que o povo fala:

— Porque podia ser assim, podia ser assado. Não gostei disso aí.

O povo fala e se queixa e eu não estou nem aí. Vamos ficar quietos, calados, só com Deus. Não adianta nem falar. Não doutrine ninguém, fique quieto, não responda. Fique quieto, aguente a língua dentro da boca. Ela foi feita para ficar dentro da boca; então, segure. Mas não é só segurar a língua. É não dar importância. Eu, hein? Eu sou maravilhoso do meu jeito. Deus é que fala dentro de mim.

Siga a sua natureza e, quando você tiver alguma coisa que não está bem clara, peça a Deus para lhe mostrar. Às vezes, a gente tem dúvida, porque já escutou bobagem no passado e, hoje, essas bobagens voltam e ficam lutando contra a nossa natureza na cabeça. Então, negue:

— Não quero isso, não. Deixa eu ficar quietinho para que Deus mostre a verdade para mim, mostre o meu caminho. A verdade vai bater no meu peito, vai me dar alegria.

E você vai sentir o que é melhor para você. Fique firme nisso. Não ceda um só milímetro para não ser devorado pelo mundo. E assim, você conquistará o mundo a seus pés. Na verdade, fomos feitos para conquistar, para ganhar, porque somos a expressão da realização de Deus, e Deus nunca perde. Ele sempre ganha.

Aqui
é o melhor lugar do mundo para você

Este país é muito livre. Vocês pensam que nos outros países há tanta liberdade assim? Estão muito enganados. Liberdade tem o brasileiro. Ó país livre! Cada um faz o que quer a hora que quer. Ó país livre! Não adianta pôr lei; o brasileiro faz como ele quer.

E assim vai. O povo vai crescendo moralmente, e vai fazendo as coisas melhor, independente da legalidade. É isso o que a gente vê aí. Quando o povo amadurece e compreende, ele não faz mais aquilo. Mas ninguém força o brasileiro, porque ele é que nem o índio. Pode matar o índio que ele não faz. Só faz o que ele acha que está certo. É preciso educar o brasileiro para ele entender a coisa melhor. Mas se achar que aquilo está certo, ele faz aquilo. Não adianta polícia, não adianta cadeia, não adianta nada.

É o povo que está muito persistente no seu direito, na sua liberdade. Vocês falam mal do Brasil, mas esse é um país maravilhoso. Vá morar no estrangeiro, para você ver se existe liberdade como aqui no Brasil.

— Ah, porque é mais seguro, é mais...

— Bom, para quem gosta de muleta e não gosta de aventura, para quem gosta de uma segurança para ficar preso na sua preguiça, está bom. Agora, quem gosta de aventura, de crescimento, de vivência, de experiência, de liberdade, de ação e de realização, o melhor lugar é aqui no Brasil.

— Ah, mas tudo é difícil.

— Uai, por que você queria as coisas fáceis, que caíssem do céu? Não tem nem graça. Então, você está no país que merece, porque em outro lugar não iriam querer você para reencarnar do jeito que você é bagunceira também. Está no lugar certo. O melhor lugar do mundo para você é onde? Aqui.

Não queira mudar o seu jeito de ser

Há mulheres que acabam negando o seu jeito de ser porque enfiam minhocas na cabeça. Acham que, ao casar, têm que ser assim ou assado, têm que ser tudo o que não é da natureza delas. Não há nada contra ser esposa e mãe, mas desde que seja do jeito delas.

Pare um pouco agora, minha filha, e pense se você é mãe do seu jeito. Você obedece às regras sociais ou segue o seu coração? E com o seu marido, você é a mulher que está dentro de você ou vira a mãe dele, a empregada dele? Ou ainda é a mesma moça por quem ele se apaixonou e que quis assumir com o casamento?

Sendo quem você é, não vai perder o marido. Ao contrário, só vai preservá-lo. Mas o marido não casou com a mulher que está aí estropiada, e sim com aquela moça por quem ele se apaixonou. Cadê ela? Se ele a largar ou arranjar outra, até que tem razão. Claro, casou com uma e, meses depois, tem outra lá dentro, uma estranha. Pense nisso, porque negando o seu jeito de ser, você apaga a sua luz, a sua sensualidade.

A gente é a gente do jeito que é. Fala do jeito que é, faz aquilo que gosta. Não faz para agradar, mas faz do jeito que agrada. Olhe só a diferença: eu não faço para agradar, faço do jeito que me agrada.

Quando você era solteira, não fazia tudo do jeito que lhe agradava? Não que não pudesse colaborar com o sistema ou fazer o que precisasse na firma, mas fazia com o seu espírito, do seu jeito, não é verdade? Ao casar, tem que mudar por que, minha filha?

— Ah, porque eu tive filho...

— Mas ter filho é uma coisa muito natural. Claro que mudam aspectos da nossa vida, como também se você achar um emprego, vai mudar; se achar uma outra carreira, vai mudar. Tudo o que acontece conosco muda a nossa vida. Mas a gente não precisa mudar por causa disso. A gente é a gente mesmo naquela nova situação. Então, é preciso ter respeito pela gente.

Está cheio de mulher arrancando o útero, as coisas lá de baixo. Parece que virou moda. Porque médico não entende a mente humana, só entende que está cheio de porcaria e vai arrancando. Estou vendo que em muitos casos, se a mulher mudar, o útero volta ao normal. Se a pessoa recuperar o mesmo jeito de ser de quando era sadia, de quando estava bem na vida, tudo volta a ficar bem. Inclusive o corpo se recupera, porque o corpo pode se recuperar de tudo. Eu sei, porque tenho visto. A mulher esperta que toma a atitude certa, de repente, está com tudo em ordem novamente.

— Ah, foi um milagre.

— Milagre nada. Isso é ciência. Você foi para o caminho errado, deu errado. Pelo caminho certo, dá certo. Não tem milagre nenhum. Não queira dizer que você vai ser assim ou assado, não queira se desprezar e achar que não vai ter consequência, porque vai. Vê lá essas mudanças que quer fazer com você.

A cada reação corresponde uma ação

O homem tem a liberdade de fazer o que quer, de assumir qualquer ideia, de acreditar nas próprias ideias e de levá-las para a frente. Mas, obviamente, as consequências de cada uma das suas ideias, ele vai receber queira ou não. Quer dizer que:

Você não escolhe a reação, mas escolhe a ação, que a provoca.

E para cada ação, há uma direta reação. Isso é automático. Agora, se você quer escolher uma reação, tem que escolher pela ação. Se eu quero uma coisa, tenho que fazer isso. Se eu não quero isso, então, não vou fazer aquilo. Aí, você pode controlar. Mas depois que resolveu fazer, a reação é correspondente à ação que você fez.

Não dá para querer fazer uma coisa para obter uma reação que não é coerente. Não dá, mas o povo insiste. Quer mudar a vida dos outros para ficar boa a sua vida e, com isso, se abandona. O resultado é abandono. Mas acha que o resultado deveria ser todo mundo correndo para ajudá-lo. E fica aí na solidão.

Sem acreditar em Deus, ninguém é moderno

A vida moderna é uma beleza, mas tem uns contratempos. O povo agora acha que moderninho é não acreditar em Deus, que ser religioso saiu da moda. Então esse negócio de Deus, como vocês dizem modernamente, é um papo furado.

É, também acho. Acreditar em Deus é uma coisa meio antiga mesmo. O povo acha que é acreditar em algo que está no céu, no espaço. E que ficar acreditando, acreditando, dando crédito a um ser que a gente nem vê é o mesmo que acreditar no nada. É, como vocês dizem modernamente, bobeira. É verdade, é mesmo.

A confusão é que Deus não está fora. Deus é uma coisa de dentro da gente. Então, não é uma questão de crença, nem nunca foi. É uma questão de evocação. Deus é uma experiência interior. É assim como o amor. Você pensa e chama, ele vem. Você chama a coragem, ela está ali presente. Medo. Você chama o medo, ele está ali presente. Deus. Você chama, Ele está ali presente. É uma experiência interior.

É um estado que todo mundo tem, seja ele um sem-vergonha, seja ele um mau ou um bom empresário, seja ele um índio, um alemão, um caboclo. Está dentro dele. Agora, acreditar depende de cada um, da educação, pois você tem direito de ter as ideias que quiser.

Para uns, Deus é uma luzinha; para outros, é um homem de barba; para outros ainda, Ele é a imagem dos pais. Isso cria muita confusão, porque a gente pensa que Deus vai agir conforme agiram nossos pais. Há muita gente brigando com Deus, como brigava com os pais. Uma hora os pais nos abraçavam, nos beijavam, faziam um carinho e nós ficávamos confiando neles, achando que iriam fazer tudo o que a gente queria. Mas, de repente, vinha o pai dizer que "não". E a gente ficava tão bravo que respondia:

— Então, não te amo mais, não quero mais saber de você.

Com Deus é a mesma coisa. Todos nós estamos decepcionados com Deus porque Ele não fez tudo o que nós queríamos. Não fez, não. Fez o que achava que era bom para nós. E, muitas vezes, o que nós queremos não é o que é verdadeiramente bom. Mas nós não entendemos assim e ficamos bravos. Pensamos:

— Ah, essas bobagens de Deus. Eu tenho que me virar sozinho mesmo. — Mas não falamos, porque temos medo de negar. Então, dizemos:

— Está bom. Já rezei. — E fazemos que esquecemos. Vamos fazer qualquer coisa, esquecendo que tem Deus dentro de nós.

É como a mulher que casa. Ela ama muito o marido e o marido também a ama muito. Mas eles resolvem brigar, pôr de lado o amor e deixar o egoísmo dominar. Ficam fazendo manha e arranjando briga em casa. Não que eles deixaram de se amar, mas não estão usando esse amor. Então, é a mesma coisa que se não tivessem. Estão desvalorizando Deus. O amor poderia tornar tudo mais fácil, mais bonito, mas a pessoa está optando pelo seu egoísmo, pela sua loucura. Está esquecendo de viver o melhor que ela tem, que é o amor. Deus é um estado de alma, como o amor. A gente gosta de pensar que Deus é uma pessoa, um ser. Mas acho que isso é só uma ideia dele, porque a nossa experiência nos mostra que é uma sensação. Quando falo: "Deus em mim", eu sinto uma sensação diferente. Sinto que mudam as minhas energias na pele, no coração, na mente. Ao longo da convivência com esse estado, vemos que ele nos afeta muito, afeta os outros em volta de nós. Afeta a nossa vida, transformando-a, melhorando os nossos caminhos, fazendo-nos ver que a verdade é superior. Fico admirado de ver quem consegue viver com isso.

A gente pode ser moderno com tudo, mas, sem fé em Deus, não vai ser moderno em nada. Se você não evoca a força que a natureza pôs em você, que é essa força divina; se você não acredita nessa coisa maravilhosa dentro de você; se na sua evocação você não chama, então, não vai ter paz, paz emocional. Não vai ter prosperidade, família decente, não vai ter os meios de acomodar a sua vida, não vai. Desista de viver. Pode entrar no rol dos derrotados, porque sucesso você não vai ter.

— Meu filho, você está lamentando que não tem emprego, que não tem sucesso. Mas também o que você fez com o seu poder, com o Poder Divino?

— Ah, tenho fé em Deus.

— Mas que fé é essa? É fé micha. É fezinha: 10% de fé e o resto de descrença. Fé em quem? Em quem você tem fé? Fé nas coisas boas e nas ruins. Já reparou que nós temos os dois: fé nas coisas boas e nas coisas ruins? Às vezes, tem um pouquinho mais nas boas, às vezes, um pouquinho mais nas ruins. E assim vai a nossa fé para lá e para cá.

— Ah, Calunga, mas você tem que ver que a vida é cheia de coisas boas e de coisas ruins. Algumas vezes, tive esperança. Vieram as coisas ruins e me decepcionei, sofri. Então, não acho bom acreditar só nas coisas boas, não.

33

Depois vem uma coisa ruim e a gente fica na decepção. Então é melhor não crer tanto assim, porque a vida é terrível.

— Tudo isso que você está dizendo é contra Deus. Você não percebe que às vezes as coisas não foram ruins. É você que achou que foi. Mas, no fim, a vida estava fazendo você lucrar. Você é que não sabe.

Você tinha um pai a quem queria muito e que a protegia demais. Um dia, ele morreu e você ficou revoltada. Mas não percebeu que a vida tirou aquele pai para você aprender a ser gente e poder usufruir da independência e das virtudes que ele lhe deu para ter uma vida ampla e de grande felicidade. E, até hoje, você está chorando com raiva de Deus e da vida porque tirou o seu pai, a sua mãe, porque tirou uma série de facilidades.

Deus não tira a facilidade do caminho da gente só para judiar; Deus tira para a gente perceber que tem poder e força. É a única maneira de o homem descobrir sua própria força, seu poder. É se experimentando dentro das situações para ver bem quem ele é, para tirar as ilusões bestas da sua cabeça que o fazem sofrer. Então, Deus não está fazendo você sofrer, está tirando o sofrimento de você. Mas não é assim que nós compreendemos. Então, começamos a dizer:

— Não acredito, não gosto. Estou de mal com Deus.

Mas nós estamos errados em pensar no bem e no mal. O importante é ter 100% de fé em Deus, porque Deus não é a pessoa. Mas é a qualidade interior da força da vida em nós.

Acorde...
para a grandeza da vida

A vida é muito rica, muito farta, com muitas opções. Mas, claro que há gente que gosta de entrar no desespero, nos dramas, que são as pessoas fechadas, preguiçosas. A pessoa fechada é preguiçosa, porque quer resumir o seu mundo em quatro ou cinco coisas e não quer ver a grandeza da vida. Quer ficar na sua vidinha, que, de vez em quando, precisa ser perturbada para que ela se abra para a grandeza das coisas.

É a pessoa que não procura nada e, quando procura, quer tudo pronto. Quer que os outros façam por ela. Tem muita resistência para mudar. Acha tudo difícil, complicado, não vê as chances que estão em volta, não vê os livros, os conselhos, as alternativas. Não vê a riqueza da vida, a riqueza que o mundo moderno criou de possibilidades, de conhecimentos, de alternativas.

Esse povo gosta de ficar na lamentação. Ah, eu não gosto de gente assim. Não dá para gostar. Lamenta, lamenta, mas não anda, não faz o que precisa. Não vai atrás, não faz esforço, só se queixa e lamenta. Quanta gente assim no sofrimento. É uma coisa!

Vocês pensam demais antes de agir. O mundo precisa de ação, de movimento. Se vocês querem crescer e se renovar, precisam de ação, de comprometimento. Mas vocês não querem arriscar, porque têm medo, porque é difícil.

— Ah, será que vai dar certo? Não sei se eu vou...

Então ficam aí na dúvida. Tem gente que é cliente da dúvida. Fica estacionado na dúvida.

— Ah, não sei se isso é bom para mim...

E nem tenta. Fico olhando para esse povo hipnotizado pela sua própria preguiça, pelo seu comodismo. E, ainda mais: se você falar com essas pessoas, elas ficam bravas:

— Ah, porque meu problema é grande. Minha situação é terrível.

Puxa vida, como esse povo demora para acordar, não? Depois, a gente fica pensando: é por isso que tem tanto sofrimento no mundo. Só o sofrimento faz essas pessoas andarem. Elas ficam empacadas, feito burro. E o burro só anda quando botam fogo embaixo da barriga dele. E o que vocês estão procurando é isso, se não ficarem espertos e começarem a andar. Vocês ficam pensando muito para ver se enrolam a vida. E depois vêm atrás:

— Me ajude, estou ruim.

— Uai, está ruim porque quer.

— Ah, não fale isso. Eu estou sofrendo...

— Uai, está sofrendo porque quer. Tem gente em pior situação que está trabalhando por si e está melhorando.

Mas a vida vai seguindo e o bom é ver uma pessoa esperta, que não gosta de enrolar. Sai de uma coisa, já vai para outra. Faz tudo com disposição, com contentamento. Não fica nessa hipnose de coitado. Se tem que andar, ela vai andar. Se tem que ir a pé, ela vai. Vai de qualquer jeito, mas vai. Esse é o povo que tem o que há de bom na vida. O resto está tudo aí estacionado, com dor no corpo, com dor mental e emocional, porque tem que fazer muita força para parar.

36

O mundo está andando, os planetas estão andando. O tempo não para de jeito nenhum. A Terra está mudando a sua geografia, o corpo está mudando o seu formato. Claro que tem um ritmo bom. Não precisa ser afobado, nem acelerado. O ritmo é variado. Há dias mais longos, outros mais curtos. Mas tudo está andando. Só o homem acha que pode parar. É louco para ir descansar, para ir para a praia e não fazer nada, para ficar assistindo à televisão. Tenho a impressão de que isso é revolta, é raiva. A pessoa deve estar com raiva da vida, porque não fez os caprichos dela. Então fica com raiva, se hipnotizando que ela é coitada, que os problemas dela são por causa do governo, por causa dos outros, mas não faz nada.

Essa gente só pede, mas pode pedir à vontade, porque a gente não escuta mesmo, nem eu nem os outros, e muito menos Deus. Está tudo lá, dei tudo o que a pessoa precisava para fazer, mas não faz. Então, sofre. Só o sofrimento vai tirá-la dessa situação.

Quero dizer o seguinte: se você fizer as coisas para você, vai obter. Se não fizer, não vai obter. Você pode enganar os outros e inventar que você é um pobre coitado, mas Deus você não engana. Deus vê que você não vai no bem, então vai ter que ir mesmo que seja na marra. Você faz pressão contra a vida, e ela o pressiona e sempre ganha.

Como a gente precisa acordar para a vida! Acorde, vá. Dê a você a chance de ver a vida de verdade. Não essa vida que você está vivendo, não. Você está aí na dúvida, estagnada no sofrimento. Muitas vezes, você está aí correndo, fugindo. A vida é ação, mas não é correria, não é afobação. Vida é vivência. Vivência é contemplação. É ação com ritmo, ação com harmonia, com atitude, com lucidez, ação integrada. Não é a coisa do desequilíbrio, do sofrimento.

Se você está desequilibrada no sentimento, na mente, é porque você está fazendo coisa errada. Não adianta culpar o mundo. Deus lhe deu tudo, deu a vida e está lhe dando até agora. Os recursos não vão embora só porque você não vê ou nega. O amigo continua à sua espera. Chances de melhorar a sua vida não acabam nunca, em nenhum momento. Pessoas que possam ser o canal da sua renovação continuam existindo. O que falta é você mesmo. É você se render à realidade da vida, porque não adianta brigar com ela.

Eu gostaria muito que você saísse dessa hipnose, que visse as coisas de frente e se levantasse. Mas se você não se levantar hoje, não tem problema. Não tem, não. A vida vai levando você, fazendo com que mude. Também na vida tem muito mistério.

Como a gente precisa confiar nas forças misteriosas, nas Forças Crísticas, nas forças que nos levam para a frente! Mesmo vocês que não são cristãos sabem que existem as forças místicas, as forças superiores. E como a gente precisa ter a capacidade de parar com o raciocínio, de vez em quando, para beber das forças intuitivas, que dirigem uma grande parte do nosso destino, da nossa vida. E são nesses momentos que a gente encontra as forças, encontra uma ajuda que renova. A ajuda é sempre constante na vida de todo mundo.

Mas tem gente que se meteu em encrenca feia. Pessoas que estão com doença e não conseguem a cura, com aleijões, pessoas que se meteram em situações de difícil mudança, mas tudo muda. Tudo passa sempre, embora haja coisas mais difíceis que outras. Na medida em que a pessoa levou a sua negligência ao máximo, acabou criando para si uma situação extrema e permanece ali, sem condição de receber ajuda para que o remédio faça seu efeito. Pois nenhum sofrimento existe que não seja remédio. Tudo é remédio para curar as doenças que criamos, ou seja, as nossas ilusões e hipnoses.

O homem tem o poder de se impressionar e de hipnotizar a si mesmo. Às vezes, ele se põe em tal situação que ele mesmo não consegue sair. E, para curar a sua hipnose, Deus criou o sofrimento, situações extremas em que o indivíduo leva choque. É forçado a desistir de uma série de coisas para poder se libertar da própria loucura que fez, na inconsequência de usar os poderes incríveis que a natureza criou nele. O homem é muito poderoso, embora ninguém acredite no que estou dizendo.

— Eu, poderoso, Calunga? Quem sou eu...

— Uai, tudo o que você está vivendo é você que está criando. Então, você é muito poderoso.

Você já viu como tem gente boa nesse mundo? Não é rica a vida? A maioria do planeta está saudável. A gente falou das pessoas que estão com problemas e dá a impressão de que a gente só vê problemas. Mas não é, não. Esse mundo é tão rico, há tanta gente boa. Não sei se é feliz, porque ser feliz depende de uma certa maturidade espiritual. Às vezes, a pessoa tem tudo, mas não sabe ser feliz. Mas que ela está numa vida boa, está, enxergue ela assim ou não.

A vida está indo bem. A cada dia, há mais pessoas alfabetizadas, lendo, conhecendo os mistérios da vida, crescendo na inteligência. Os homens devagar estão reconhecendo seus erros, cuidando melhor da ecologia, da educação, da saúde. Cada dia mais há melhorias no campo da tecnologia, no campo da compreensão dos problemas humanos. A cada dia esse mundo está ficando mais bonito, a cada dia está ficando melhor.

Eu sei que tem uns problemas, como a poluição sonora. De uma forma ou de outra, sempre houve problemas. Mas o homem está ficando tão mais inteligente, tão mais esperto, mais preparado, que a cada dia que passa ele está fazendo as coisas mais bem-feitas. Então, esses probleminhas vão ser superados no momento certo. É tudo experiência. E o planeta Terra está ficando a cada dia mais bonito.

Você é um espírito livre

Cada um tem uma necessidade, um momento. Cada um tem um problema, uma afetividade. Cada um vive no seu universo o seu próprio encanto, o seu próprio coração. O coração é um universo que desafia o homem mais do que a inteligência.

Como o homem tem problema no coração! Todo mundo tem aquela coisa no coração mal resolvida. O egoísmo nos dificulta viver no nosso mundo cardíaco, no nosso mundo afetivo. As nossas leis, os nossos pensamentos, a nossa moral quer se impor, contrariando os desejos do coração. A educação reprime, condiciona, envolve e posiciona o nosso coração.

Esse coração bom, grandão, cheio de vontade da aventura, da experiência com o outro, da convivência com todos os tipos de pessoas em todas as situações, que tem necessidade de conhecer esses mistérios da atração humana, fica às vezes reprimido, bloqueado, criando a angústia, a nostalgia, criando a dor interior, a dor da vida, a dor que mata, a dor que tira o ânimo, a dor que transforma a gente em pequenos espantalhos.

Está cheio de gente com cara de espantalho, cheio de urubu nas costas, cheio de negritude no sentido de escuridão, de dor, de lastimação, cheio de pessoas lúgubres, carregadas, pesadas, ruins, porque essa gente está proibida de amar, porque acredita na decência e na indecência, porque acredita e não conhece os mistérios do coração.

Quem acredita tem a mente cheia de crenças que, muitas vezes, estão impedindo o verdadeiro deslumbre do conhecimento interior, do conhecimento da verdade, que está assim sepultado no coração.

Às vezes, é melhor mesmo virar malandro, descompromissado. É perigoso, porque você pode fazer muita besteira. Mas, ao mesmo tempo, é um descompromisso que lhe permite a extensão da experiência, a extensão da liberdade para não ser pego pelos padrões convencionais de tal forma que você se torne uma máquina durante a sua vida e esqueça que você é um ser humano livre, que o seu espírito é livre, que seu coração, sua cabeça e seu destino são livres. Não dos determinantes do universo nem da vida. Nesse ponto nós somos, por preferência, os próprios determinantes.

Nós somos a ação de Deus na consciência. Mas essa ação é divina, porque é o próprio Deus. É livre para viver. Deus sente a existência por nós. Então, a nossa existência é livre e ampla, porque Ele nos dá a vida com amplidão. Mas nós nos enfiamos numa gaiola de ouro, cheia de tapeação, com medo disso, medo daquilo. Fica com tudo isso, preso. Besteira. A cova é a sua verdade. É lá que você vai encontrar a sua verdade. Vai ser jogado diante de si mesmo para ver para onde você está levando o seu destino.

Sai disso. Não entre nas convenções. Não tenha medo, não. Deus está com você. Viva para o seu próprio coração. Ame mais, se deixe viver, se deixe enamorar de tudo. Namore o céu, namore a terra, namore os amigos, namore tudo o que você puder namorar, porque se não há namoro, não há encanto. E se não há encanto, não há o despertar da nossa essência maior, do prazer maior, da realização da alma.

A alma vai pelo encanto. Está aí a arte, que não me deixa mentir. A arte que é a suprema ciência do encantamento, porque homens e mulheres se dedicam durante anos, séculos no desenvolvimento das artes para encantar o homem. Por que o homem quer ser encantado? Para sentir Deus dentro dele, porque toda a magnitude de uma obra que atinge e desperta a comoção nos põe em concordância de fase com todo o universo. É a verdadeira obra. Por isso nós estamos aqui, querendo, investindo, nos dando, carentes de ouvir uma música, carentes de ouvir uma poesia, carentes de entender a natureza humana, e tudo isso é arte.

Os meios se aprimoram pela arte da comunicação. Por quê? Porque queremos atingir, na verdade, o nosso coração. É o nosso coração que acredita na grandeza da vida e trabalha por ela em todos os campos. Essa alegria é o júbilo, que você pode ver. Mas precisa tirar esse véu do rosto, precisa acordar. Acorde, você é eterno. Se você é eterno, não tem mais que sofrer, não tem mais que se desesperar e não tem mais que ficar na ilusão. Não deixe a ilusão estragar o prazer de você viver, de se aventurar, de se arriscar. E arriscar guiado pelo coração não tem erro, não. O universo, na verdade, não vê nada errado. Tudo o que existe é porque Deus permitiu. E se Ele permitiu é porque acha que está certo. Não é mais fácil pensar assim?

Amor só é bom sem sacrifício

Não faça sacrifício por ninguém, minha filha. Não vá mudar o seu jeito de ser só porque você é mãe, só porque está casando, só porque arranjou um homem bom para você.

Que bonito é o amor. O amor é para nos libertar, para nos fazer sentir bem, nos sentir livres, queridos, com coragem para viver, com motivação para trabalhar, para ir em frente. O amor é para libertar, para nos fazer bem.

Agora, esse amor que já começa judiando, com cobrança, com mudança, com repressão, com sacrifício... Minha gente, amor com sacrifício? Que peste de amor é esse? Para judiar? Melhor não amar, melhor sufocar, melhor negar, porque você vai ficar melhor.

Pense bem, não vamos transformar aquilo que a natureza nos deu, que é uma fonte de prazer, de força, de estímulo, naquela alma que a arrebenta, põe lá embaixo e a destrói. Você se destrói com o modo de agir, de pensar no amor. Então, para que amor? Melhor nem ter, porque assim, com a cabeça fria, você age melhor, vive melhor, tem mais prazer na vida.

Não me venha com essa conversa de que amar é sofrer, porque isso é obsessão psicológica. É você que se obsedia e não quer ser responsável pelo que está fazendo consigo mesma. Então, se você quer ter paz, não pode entrar no amor dessa maneira, concorda comigo? O amor tem que ser uma coisa gostosa.

Muita gente exagera, se conduz muito mal no amor. Mas não tem que sacrificar nada em nome do amor, não. Vocês pensam de uma maneira trágica. Esse romantismo de vocês é conversa fiada. Não tem pé no chão, nada disso faz bem. Vê lá como você administra seu amor.

Use sua força a serviço da essência

Esforço é quando você usa a sua força para levar avante aquilo que você tem no seu coração, na sua vocação, na sua vontade. Eu tenho aquela vontade e preciso empenhar a minha energia, a minha atenção para manifestar o que há dentro de mim. Então, eu me empenho e me esforço. Uso a força a serviço da essência.

Esforço = es (essência) + força

Esforço, então, é força com a essência. Você vai pondo força com a essência e vai materializando aquelas coisas que a sua alma, que o seu ser mais puro e mais belo está querendo.

Sacrifício é quando você acha que tem que fazer o dever. O dever não vem da essência. Vem da imposição do homem, da sua ignorância. É por isso que o povo diz:

— Você tem que fazer.

Como se a alma não soubesse o que é necessário. Quando você age assim, significa que você pega as suas forças e põe a serviço do dever. Então, você está se sacrificando. Mostra que é uma coisa difícil, porque já vem do sacrifício.

Sacrifício vem da palavra sacro. A pessoa pensa que está se dedicando às Forças Superiores por meio dessa imposição, dessa mortificação e dessa dor. Antes se imaginava que o diabo estava na gente e era preciso bater e ferir a gente para tirar a coisa ruim, porque o povo acreditava que só saía assim, com dor. Foi depois disso que o homem descobriu a questão do bem, do positivo. Eles faziam jejum, privavam o corpo de comida e de tudo para enfraquecer as forças materiais para ter facilidade de chegar às coisas espirituais. Hoje temos outras técnicas para isso: o pensamento positivo, as afirmações, a meditação, que são muito mais eficientes.

Hoje sabemos que, nos impregnando constantemente do bem, saberemos rapidamente nos libertar do que é antigo e ultrapassado. Sabemos que a nossa mente é um instrumento que obedece e que podemos desenvolver a fé total, integral e o bem absoluto. E que todo o resto é ilusão.

Existem muitas técnicas para isso. Existe o exercício da caridade, do bem, a energia que a gente doa no serviço de amor constante. Existe a compreensão da compaixão, o esforço do trabalho que ajuda demais a nossa cabeça a ficar envolvida na construção de alguma coisa. Existem outros meios que a gente vai procurando usar e vai se libertando do que é velho, do que é passado, para adotar alguma coisa nova e melhor.

Todo caminho é caminho de Deus

Tudo é certinho. Tudo está no seu lugar. É você que não pode ver assim, talvez porque do modo como você compreende e vê as coisas, o mundo lhe parece muito bagunçado.

Mas, depois, quando a gente começa a ir fundo, com calma, vai contemplando, estudando e ficando mais maduro, mais esperto, vai vendo que as coisas são certas demais. Tudo tem porquê, tudo tem função, tudo tem hora. É uma beleza que a gente não consegue compreender. Você diz:

— Mas como pode ser, Calunga? Eu tenho livre-arbítrio. Eu posso escolher.

— Você pensa que está isolado, que está fora do contexto universal e que vai escolher como quer. O que você fala que escolhe como quer é, na verdade, a natureza escolhendo em você.

Não tem jeito de você querer nada sozinho, porque você não está sozinho, não está desmembrado da natureza.

Você é, acredite ou não, a própria natureza em forma de gente. O seu querer, os seus pensamentos, as suas decisões, as suas vontades não são uma coisa isolada do universo. Por isso nunca ninguém poderá dizer que escolheu contra a natureza, não, minha filha.

Qualquer escolha que você faça é uma escolha da vida.
É a vida escolhendo em você.

Ora, se isso é uma verdade, então qualquer caminho é o caminho certo. Seja ele o caminho do sofrimento, seja ele o caminho do prazer. Todo caminho é caminho de Deus. Não tem neste universo ninguém perdido. Não tem neste universo nada que não seja da vontade de Deus, da vontade das Leis Soberanas.

É a gente que se interessa, do ponto de vista pessoal, em procurar o que não cause dor. Todo mundo quer o prazer, a conquista e a realização pelo caminho mais fácil. Mas, do ponto de vista do conhecimento da Ordem Universal, o caminho da dor ou o caminho do prazer vão chegar ao mesmo lugar. Está tudo sob controle.

Não fique desesperada, então, querendo salvar aquela pessoa que não quer ser salva, aquele bandido que quer continuar a ser bandido, o alcoólatra que quer continuar alcoólatra, aquele filho rebelde que quer continuar a ser rebelde. Tudo é caminho.

A gente faz o bem, o bem que sabe fazer. Mas se você se sente impotente diante de uma situação urgente, lembre-se do que estou lhe dizendo: tudo é caminho, porque qualquer caminho só pode levar a Deus.

Pense nisso de coração. Adote essa verdade. Dê a chance ao outro. Liberte os outros e diga:

— Cada um tem o direito de seguir o próprio caminho.

Dê a você o mesmo direito:

— Eu também vou seguir o meu.

Você dá aos outros e dá a si mesmo. Isso é generosidade, é respeito, é dignidade. Vamos então sair da pequenez, da mesquinhez.

Quem manda perde sempre

Ninguém mais está tolerando o modo antigo de amar. Antigamente, a gente pregava:

— Quem ama tem ciúmes. Quem ama quer o outro só para si.

Mas, hoje em dia, ninguém mais quer ser inteiro de ninguém. Antigamente, se fazia poesia:

— Eu sou todo seu e você é toda minha.

Se hoje você disser para uma pessoa que é todo dela, ela vai responder que assim ela não quer. Se disser ainda que ela é todinha sua, aí, ela vai ficar mais brava:

— Que negócio é esse de você querer mandar na minha vida, de dizer o que eu tenho que fazer? De dizer que eu não posso fazer isso, não posso fazer aquilo?

Eu concordo com ela. Estou ensinando você a namorar bem, a ter um relacionamento de bem-estar, de calma, de nutrição, com poesia. O romance é uma coisa muito sensível, porque vem da nossa alma. Até o ladrão assassino tem o seu amor, a sua amante. Nesse ponto, nós somos todos iguais. Na hora do amor, você é igual ao japonês, ao chinês, ao africano.

49

Esse é o lado mais bonito do ser humano. Nem os preconceitos religiosos ou sexuais, nem as pressões políticas ou sociais conseguiram destruir o amor no homem. O povo costuma dizer:

— Que história é essa de pode, não pode?

E ele está certo. Se o amor é a expressão de vida, se é dele que vem a procriação, se é dele que vêm as movimentações mais belas, os gestos mais nobres da humanidade, por que nós vamos sufocar? Me conte. Como você pode ser bom com o mundo se não é bom consigo mesmo, se não se deixa namorar?

Minha filha, se você quiser mandar no homem, vai perder seu tempo, porque ele vai embora. Vai. Agora, meu companheiro, se você quiser mandar na sua mulher... vai ficar pior ainda. Conviver não garante a ninguém o direito de posse. Não mande no filho, porque senão vai perdê-lo. Quem manda perde sempre. Quem manda fica só no mundo, pois ninguém é de ninguém.

Não sei se você vai me ouvir, porque você é ciumenta, ruim. Então, você vai ficar sozinha. E, quando morrer, vai continuar sozinha, porque o povo aqui é mais livre ainda.

Quando você se envolve com alguém e começa a namorar, fica muito no pessoal, muito egoísta. Quer segurar, quer toda a atenção para você. Mas você não é assim com as amizades. A amizade pode durar anos, porque há sempre respeito. Na amizade, cada um pode compreender quando o outro não quer vê-lo, quando não está com vontade, e a amizade não acaba por isso.

É só começar a namorar, aparece o egoísmo. Você está condicionada:

— Quero ele só para mim. Vai dar atenção só para mim. Tem que ser sincero comigo, tem que me amar...

E você quer que ele cumpra os compromissos, as suas exigências. E aí fica pressionando, fica destruindo a possibilidade de uma amizade. Você não pode dirigir a vida de uma pessoa que está em desenvolvimento. E todos nós estamos nos desenvolvendo, porque não somos inteiramente seguros, completos. Embora sejamos perfeitos em cada grau de nossa evolução, ainda não estamos completos. Temos fases emocionais que não sabemos resolver, que desafiam nossa inteligência, nossa segurança e desafiam também nossas promessas.

Quem é que pode cumprir a promessa do coração quando não sabe nem como vai estar amanhã? Promessa é perda de tempo. Se a gente for sincero, de verdade, vai oferecer o que tem no momento e tudo o que pode saber no momento. Vai viver com sinceridade, com amizade, com sensibilidade. Isso, sim, é importante. Que o momento seja revestido de algo bom, sem amanhã.

Mas você começa um namoro já pensando se vai dar certo. Já está pensando no amanhã, já está querendo prender a pessoa no seu egoísmo. Ela percebe isso e se assusta. Ou se é ela quem faz isso, você começa a se desinteressar, a achar que ela tem algum problema.

Você também faz exigências: tem que ser trabalhador, tem que ser bom, tem que ser assim, tem que ser assado. Mas você precisa abrir o coração e a mente para perceber que todo mundo é como os amigos. Tem gente que serve para uma coisa, tem gente que serve para outra. Tem gente que você pode conviver com profundidade, porque é uma companhia muito boa, e tem gente que só pode conviver de vez em quando.

Namoro é a mesma coisa. Há muitas formas de namorar, mas a melhor é a que não faz exigências. Tem que ser a que deixe a pessoa livre para crescer e para experimentar. Amar uma pessoa é dar a ela a liberdade. O amor de verdade diz:

— Vá viajar. Vá fazer o que você tem vontade. Se você quer ir com um grupo para experimentar outras relações, vá, pois a vida é sua. O que importa é que, entre nós, exista essa corrente de amizade, sem que ela se torne uma algema.

As pessoas, quando se casam, enfiam duas algemas no dedo, achando que isso vai garantir o futuro emocional delas. Mas não vai. Ninguém quer usar aliança nenhuma, porque ninguém quer mais algema. O povo quer ser livre, porque o espírito precisa de liberdade.

O que o ser humano não tolera mais e não vai tolerar mesmo é que não tenha espaço para se expressar, para trazer de dentro dele o que a natureza colocou de original, como uma necessidade fundamental, como uma busca. Se o namoro, a união ou o casamento for para sugar a pessoa, para restringir a sua vida, ela não vai aguentar. Cedo ou tarde, ela rompe com aquilo.

Há muitas uniões temporárias que dão certo, porque um ajuda o outro a segurar seus medos, sua situação. Não são eternas, porque ali existe uma dependência e não uma amizade. Gostar mesmo é amizade.

Se você abrir seu coração e sua mente, vai ver que hoje há muita gente pronta para esse tipo de aliança. Pronta para esse tipo de encontro, de amizade, de conversa boa e profunda. Conversa que não reprime, mas que encoraja.

Mas você namora um pouco e já quer pôr a mão de qualquer jeito na pessoa, ter confiança demais com a pessoa.

— Ah, não quero que você use isso, não quero que faça aquilo...

— Mas, Calunga, como vou namorar, casar com alguém se não tiver confiança?

— É com essa pessoa mesmo que você não pode ter confiança. Aliás, é bom não ter confiança com ninguém. Você dá confiança e acaba se machucando, porque perde a noção de limite e cai no desrespeito. Então, não faça isso nem com seus filhos.

Você quer ser informal. Eu concordo que esse negócio de formalismo é um verniz que afasta a gente da verdade e que, por isso, a sociedade se rebela contra os formalismos na educação. Mas a gente está indo para o outro extremo. Qualquer um dá palpite na vida do outro, fala o que quer na cara do outro. E você acha que isso é intimidade? Eu acho que é confiança demais. É a pessoa folgada, que vai dizendo o que você tem que fazer, o que não tem que fazer.

Você acha que os outros vão gostar dessa invasão na vida deles? Vai começar o diz-que-diz, o bate-boca. O povo vai falar mal de você, dizer que você toma muita confiança. Então não deixe os outros tomarem confiança e não tome também, principalmente no namoro, que é uma situação delicada.

O namoro é um jogo sutil de energias sutis, de contorno afetivo profundo. São momentos de transfusão energética, em que nós nos sentimos humanos, nos sentimos profundos. A procura de uma intimidade na cama tem muito mais a ver com o encontro da profundidade interior entre duas pessoas do que propriamente a ginástica física e sexual.

O orgasmo é bom, mas a liberação do espírito é muito mais forte e muito mais satisfatória. Traz para você a complementação do seu dia, a visão do mundo espiritual. Isso é feito na sutileza do amor, do namoro. Por isso, é preciso ter delicadeza e a delicadeza pressupõe não tomar muita confiança.

Se a pessoa se oferece é uma coisa. Mas se a pessoa não se oferece é porque não está segura para isso. Então, não pegue, não tome, não exija, não invada, porque você vai perder. Ou vai encontrar na sua vida alguém que faça o mesmo.

Tudo na vida depende

Tudo nesse mundo depende.

— O que você é, Calunga?
— Depende da situação. Depende do que eu sinto.
— Você é uma pessoa brava?
— Ah, não sei. Depende do dia, da hora, do que me façam, eu sou ruim. Dependendo, eu sou manso, quieto, carinhoso. Depende.
— Você é uma pessoa segura?
— Depende. Quando eu sou seguro, eu sou seguro. Quando não sou seguro, não sou seguro.
— Você é um mentor?
— Quando eu sou mentor. Tem hora que sou meio obsessor, também. Tudo depende, porque eu desenvolvo a perspicácia, que é a esperteza inteligente, o alerta constante. É estar ali ligado, sem nenhuma regra. Olha lá, você que gosta de ser seguro, de ter regra para tudo.
— Ah, Calunga, como vou fazer se acontecer assim, assim...?
— Não sei, não. Se você não desenvolver a perspicácia, não vai conseguir nada.

— Mas como eu faço para desenvolver a perspicácia?

— Primeiro passo: jogue fora as regras. Diga: não sei. Segundo: jogue fora a sua rigidez. Eu sou assim; eu não sou assado. Isso é proibido. Isso não é moral. Isso não é decente. Decente é só assim. Pare com isso. Diga: olha, não sei. Tudo é possível. Depende. Se o ambiente for opressor, vou ter que usar o que sei e o que não sei. Se a coisa me machucar muito, eu vou berrar muito. Se me derem um tapa, pode ser que eu dê um tapa. Mas pode ser que não faça nada. Depende. Eu não sou de nada e sou de tudo. Sou livre, mas estou ligado. Sei que dentro de mim há muita coisa que nem sei que tem, mas tem. E que as correntes do inconsciente me trazem muita coisa a cada hora e, a cada hora, me trazem uma coisa certa. Eu confio. Por isso, tudo depende.

— Ah, porque eu sou seguro, sou firme. Comigo, tem que ser assim, senão não aceito.

— Olha que você vai ter que engolir isso cedo ou tarde. E ainda vai ter que calar a boca. Então, não dificulte. Melhor dizer: dependendo da situação, eu aceito e fico quieto. Dependendo, eu brigo e não aceito. Não tenho nenhuma firmeza, nenhuma rigidez.

Para ser seguro, a gente precisa ter perspicácia. Posso falar com os outros de tudo quanto é jeito. Tem gente que diz: ah, não posso ser agressivo com os outros, porque isso é feio. Falo sempre com jeito. Acho que é melhor.

Tudo depende. Tem gente que se você não der uma mordida bem mordida, a pessoa não o respeita, não é verdade? Tem hora que precisa saber morder. Dependendo, você morde, grita e mostra os dentes. Dependendo, você é educado. Dependendo, você é amoroso.

Assim, você vai ter os rins fortes, a circulação forte. As juntas do corpo vão ser flexíveis. Você nunca vai cair nem quebrar a perna. Tem muita gente quebrando perna ou braço porque não quer ser relativa, não quer ser flexível. Não quer usar o verbo "depender" para ter a capacidade humana de ser plástica, de se ajustar à necessidade de cada situação.

O nosso organismo é uma das coisas mais adaptáveis do planeta. A alma, a cabeça, o corpo, tudo isso é adaptável, mas é a gente que encrenca. Vamos, então, parar de encrencar. Dependendo da situação, vou ver como vou ficar. Não tem esse negócio de pensamento predeterminado ou de personalidade rígida. Não tem nenhuma expectativa. Tudo vai depender:

— Hoje, eu estou bom. Amanhã, não sei. Não conto com ninguém, não. Conto só mesmo com Deus. Do resto, a gente nunca sabe.

Não queira brigar com a vida. Fique em paz, porque tudo depende.

Viva só sob a influência do seu mundo interior

A coisa mais difícil para a gente é aprender a seguir o nosso caminho sem se deixar atrapalhar pelos outros. É impressionante como as pessoas são sensíveis ao que os outros falam. Fico admirado ao ver como vocês têm os ouvidos abertos para escutar todo mundo, sem olhar a realidade de cada um. Vocês vão ao médico e aceitam tudo o que ele fala. Leem um livro e aceitam tudo o que está escrito. Algumas coisas vocês contestam ou repensam.

A maioria, no entanto, dá toda a sua confiança para os outros e se entrega para as teorias, se entrega para os pensadores de uma tal maneira que se desorienta completamente da própria vida, da sua natureza. Vive fora de si, vive como se fosse um zumbi, guiado pelo ambiente.

Qualquer coisinha no ambiente destrói a sua atenção e o afeta. É o comentário, é a pressão que as pessoas fazem. Quem vive muito para fora gosta de fazer pressão, de criticar, de cobrar o outro, de reivindicar mudança. Todo mundo quer que o outro seja como ele quer. Ninguém está disposto a ceder. A vida, então, se torna um transtorno.

Você fica magoado, ferido. E, daí, começa a constituir as defesas. Fecha os olhos para não ver. Põe no seu corpo uma porção de barreiras para não sentir. Você enlouquece no dia a dia, sentindo que os outros são perturbadores, agressivos e se sente confuso. Muitas das coisas que os outros põem na sua cabeça, muitas dessas influências, você segue, porque acha que tem que ter consideração pelos outros, nem que seja para se mortificar. Diz:

— Eu não posso deixar de telefonar para fulana. Não posso deixar de fazer isso.

Passa, então, a ser escravo dos outros, que vivem impondo suas condições. O pessoal larga o problema na sua mão e você acha que tem obrigação de resolver. É o filho que explora a mãe. É a mãe que explora o filho, porque quer fazer dele o que ela bem entende. É o pai que explora a esposa e a esposa que explora o marido. É um explorar o outro, um se meter na vida do outro, um querer que o outro mude. E quando os outros não estão se metendo, é você que está chamando:

— Me ajude. Reza para mim. O que você acha? Me dê a sua opinião.

— Você vai enfiando o mundo dentro de você e vai se atrapalhando, se atolando e ficando desesperado, aflito. Aí vêm as doenças, as perdições, as tentações, as negatividades.

Quando revoltado, todo mundo está a fim de jogar sua revolta no ar. E vomitar todas as besteiras sobre a situação do Brasil, da família, do dinheiro, explorando as feridas humanas.

— Olha aquele! Você viu a barbaridade que ele me disse?... Todo mundo está contra mim. Morro de medo das invejas.

O povo fica na maledicência e vai se afundando, se afundando cada vez mais na depressão, cada vez mais na perdição. Terrível, não é, minha gente? É feio o quadro? É mentira o que eu estou dizendo? Alguém precisa falar disso. Se ninguém falar, você finge que não vê. Se quiser se fazer de ignorante, pode fazer. Mas você está fugindo ao bem que conhece no seu coração e vai pagar por isso, pois tudo tem consequência nesta vida. Ninguém sofre nada sem ter infringido a lei. Não tem inocente, não, senhor.

Você pode ter apagado da sua consciência os motivos, pois já fez o que não devia. Sabe que não devia, mas já cultivou a revolta e o pessimismo. E não quer se olhar, não quer tomar conta de si, não quer usar o poder de selecionar o que serve e o que não serve, não quer pensar nas coisas. Vai fazendo feito bobo, vai entrando na dos outros. Eles cobram e você acha que tem que ser cobrado mesmo, em vez de saber dizer "não" e saber se posicionar. Fica com medo de sofrer amanhã, com medo de que as pessoas a quem negou venham a atacá-lo na covardia, porque você também ataca, quando negam para você. Fica revoltado e pensa que todo mundo vai fazer o mesmo. E é bem capaz mesmo de fazerem, porque você está na mesma faixa vibratória.

Se você quer uma vida boa — e você merece —, precisa fazer as coisas adequadas. Qualquer um pode melhorar a sua condição de vida, pode ter prosperidade, sucesso, pode encontrar tudo o que deseja no fundo do seu coração. Pode, porque a vida é generosa. Mas a vida é organizada, não é bagunça. É você que não entende as leis, porque também não faz esforço para entender. Para você, parece que tudo é um caos e que todo mundo é ruim. Só você não tem ruindade. Mas onde já se viu alguém se queixar de alguém sem ser malvado também? Quem se queixa da maldade alheia é porque é igualzinho. Nem põe nem tira.

Não adianta ficar brava, revoltada, minha filha, porque é você quem arca com as consequências, com os caminhos fechados, com as dificuldades, com as doenças. De que adiantou você ficar revoltada? Só mostrou que, lá no fundo, você só tem ódio. E ainda acha que ódio é solução. Por isso, vai receber muito ódio, muita maldade em volta de você, porque essa é a lei. E quem escapa da lei? Ninguém escapa da lei, nem mesmo Cristo escapou.

A gente que está aqui observando vê que não tem protegido. Estou cansado de ver gente tão caridosa morrer toda podre, ruim, arrebentada, assassinada, com mil problemas. Jesus mesmo foi assassinado. O que prova que todo mundo está na lei. Não tem esse filho predileto, não. Não existe. Todo mundo é predileto de Deus, porque Ele criou todos com o mesmo amor. Na hora do benefício, Deus estende a mão da mesma maneira. Mas se você infringe a lei, Ele não o protege. Se infringiu, vai dormir na cama que fez.

Pode parar, então, com essa conversa de "não sei, não conheço" e começar a querer conhecer, minha gente. O amor por si, o respeito por si começa com a honestidade interior. Não é só ir ao cabeleireiro, ficar bonitinha e dizer "eu me amo". O negócio é começar com o respeito interior, o respeito à sua verdade, ao seu bem.

Se você quer ser bem tratada, aprenda a se tratar bem.

O que se planta é o que se colhe. Não tem injustiça, não. A ignorância de um serve de lição para o outro. Deus pega o ignorante e põe no seu caminho para você experimentar o que está plantando. Eu sei que o outro é ignorante, sei que o outro é burro. Mas por que ele entrou na sua vida? Porque você abriu um campo para ele entrar. Então, vamos acabar com essa conversa. Se você não assumir direito, vai sofrer muito. E estou falando isso porque não quero que você sofra, não.

Você precisa parar e ver o quanto você se deixa atrapalhar pelos outros, porque você fica com pena e vai pegando os problemas dos outros. O povo joga uma tragédia de vítima para usar as suas forças, você entra nessa jogada, fica com pena de fulano, sicrano e beltrano. Aí, você pega todas as cargas pesadas dos outros, entra no carma, na vibração dos outros, em vez de seguir os impulsos interiores da sua vontade.

— Ah, mas eu tenho medo de ser egoísta. Tenho medo de que o mundo me rejeite.

— Enquanto você estiver se rejeitando, o que importa se o outro rejeita ou não? Você mesma já rejeitou seus impulsos interiores para levar uma vida que está sendo insatisfatória. E ainda está com medo de mudar essa vida, com medo de sair de trás do seu armário, escondidinha, levando essa vidinha, em vez de fazer a revolução que precisa fazer para que se realize como espírito, como pessoa de uma vez por todas.

O caminho da realização é o caminho espiritual, ou seja, você se realiza como pessoa quando você consegue não mais viver sob a influência do mundo, mas, sim, sob a influência do seu mundo interior e só do seu mundo interior, porque Deus fala lá dentro e você precisa escutar o que está dentro. Só assim você vai sentir a paz, a honestidade consigo mesma.

O casamento não resolve nada

A mulher casa na ilusão do casamento. Depois, perde a sua personalidade e faz tudo o que o homem quer; se submete ao marido. E, com isso, ele perde o respeito por ela e a trata mal.

Unir-se a uma pessoa não significa mudar. Casamento não é ceder ao companheiro. Se a mulher tem que ceder, o casamento vira sacrifício. E casamento, minha filha, vai até um limite, depois, ninguém mais aguenta.

Se casar significa sofrer e se sacrificar, melhor ficar solteira, minha filha. Pois desse jeito você não vai ser feliz. Se o preço da sua união é o sacrifício, você não está unida, está escravizada. Você não está casada coisa nenhuma, está escravizada.

Casamento, minha gente, é amizade. É contrato íntimo, não o do papel, mas um contrato de união, de respeito, de fazer o jogo do namoro e do amor. É uma forma de manter de pé o nosso ânimo, nosso entusiasmo pela vida, de colocar no mundo físico pessoas que querem reencarnar e de conviver com essas pessoas, por meio da experiência rica da maternidade e da paternidade. Isso é o que vale.

Não vale lei, não vale mais nada. Quem garante o casamento não é a lei, não é a aliança, não é a grinalda, não é o bolo, não é o papel. O que manda na relação é a alma, é o coração. É ele que casa, é ele que descasa. Não adianta se enganar mais.

Você está preparada para casar de noiva? Olha lá, minha filha. Tudo isso é muito folclórico. Toda essa festa é muito bonita, porque de festa eu também gosto. Mas, vê lá o que você está fazendo.

Vai casar, vai ficar mansa? Vai fazer tudo o que o homem quer? Vai largar a profissão, se fazer de boba, de tonta dentro de casa? Se sufocar para prender um homem? Para mostrar para o povo que você tem um homem? Olha lá, hein? Não faça isso.

Devolva os convites, venda o vestido, não vá à igreja, não, minha filha. Não tenha vergonha de fazer isso, porque senão você vai ser muito infeliz. Casamento tem que ser a união do coração, tem que ser o compromisso da amizade.

Vocês estão namorando e estão vendo como o parceiro é. Mas, às vezes, não querem enxergar, porque querem casar de qualquer jeito. Olha lá, minha gente. Olha o impulso de fuga dos seus problemas. Casamento não serve para fuga. Casamento não resolve nada.

É como filho. Não resolve o problema. Traz outros problemas. É que os filhos trazem tantos problemas para você resolver que até esquece dos problemas que tinha antes. Mas, olha, filho não é solução de problema. Casamento não é solução de problema. Se você não está bem, não case, porque você só vai acumular problema. Pense nisso, minha filha.

— Ah, Calunga, assim você está me desencorajando.

— Tô, eu sei que estou desencorajando você a fazer um casamento assim. Ao mesmo tempo, estou encorajando-a, porque estou mostrando que existe outro caminho, que existe outra forma.

O que existe de mais importante é o espírito da gente, que é a amizade. Casamento é amizade. Tem que ter amizade. Tem que ter a sutileza do romance. Tem que ter o jogo magnético, porque esse jogo entre duas pessoas é muito importante. O que você chama de tesão sexual, na verdade, é o jogo magnético das forças, da aura, dos chacras que mantêm as nossas glândulas do corpo astral ativadas, excitadas para produzir vitalidade, para gerar vida.

O melhor tratamento espiritual é esse, porque a presença de uma pessoa que vitaliza a gente, que traz uma excitação gostosa e, ao mesmo tempo, é uma pessoa de confiança, dá-nos a força para nos revitalizarmos e nos animarmos. É um grande presente. Mas não é em qualquer lugar que você encontra a pessoa que tem o poder de excitar em você a vivacidade e a alegria de viver. Isso é muito bonito, mas precisa haver confiança.

Os homens estão ruins para conversar com as mulheres e as mulheres, então, estão terríveis para conversar com os homens. São malcriadas, entronas ou então, sedutoras. Não são sinceras. E os homens estão com medo das mulheres.

A mulher pensa que porque é homem não é delicado. Homem é delicado, sim, e muito mais que a mulher. Mas a mulher aceita muito mais a sua emotividade e está mais acostumada a isso. O homem é muito reprimido na educação e, por isso, é mais delicado.

Precisa de jeito para cantar o homem. Precisa namorar com poesia, não é ficar puxando o saco dele, não. Mas é conseguir chegar ao coração dele, porque o homem está com o coração aberto. Mas precisa chegar com jeito. Aí, o homem responde rapidamente à sexualidade. Você tem que saber que é assim mesmo que ele funciona. O homem é criado para ser o varão, o procriador. A natureza o fez assim para preservar a raça humana. Por isso, ele tem uma resposta sexual rápida. Não quer dizer que ele está interessado só em sexo, mas é da natureza masculina ter logo um interesse sexual.

As mulheres ficam rodeando e persistindo. Olha, toda vez que um homem recusá-la é porque você está sendo entrona, possessiva, dominadora. Está querendo bancar a gostosa, querendo conquistar tudo quanto é homem, não é verdade? Mas lembre-se de que ninguém é de ninguém.

Pare de querer resolver o seu complexo de inferioridade paquerando. Isso não resolve. E são principalmente os casados, não é? Você gosta de fazer isso para dizer que pegou o homem que é da outra e fica toda envaidecida. Mas você diz:

— Não sei por que só aparece homem casado na minha vida.

— Uai, é porque você gosta de ser exibida. Pensa que está resolvendo seus problemas de inferioridade, mas, na verdade, está construindo a desarmonia no seu coração, na sua vida afetiva, e quem vai responder a essa desarmonia é você.

Quem é pequeno não precisa botar panca

Como é bom ser pequeno, ser um homem qualquer, ser uma gota d'água no oceano. Que bom não ter que ser doutor, não ter que fazer panca para os outros.

Quando a gente está querendo fazer panca demais é porque está achando os outros muito importantes. Parece que a gente é que está querendo ser importante. E está mesmo. É porque está fazendo dos outros a coisa mais importante. Fica fazendo panca para os olhos dos outros. Então, os outros ficam grandes na nossa cabeça e nos invadem. E a invasão dá cada problema! Tudo o que as pessoas falam nos abala, a energia delas nos pega, judia de nós, porque queremos ser grandões.

Agora, se eu sou pequenininho e não preciso fazer panca, estou tomando posse de mim e os outros não são assim tão importantes. São gente comum e nós ficamos muito à vontade, fazemos as gafes e damos muita risada. E, como nada é muito importante, você também não se fere. Você é muito despachado, presente e não dá importância para o que o povo fala. Como você é pequeno, não liga para nada, porque não quer ser importante. Que importa que o povo esteja falando? Eu sou uma pessoa pequena e livre.

Eu sei de mim. Gosto de mim desse jeito. Confio em mim. Sei que essa é a verdade de todo mundo, por mais pancudo que o outro seja. Sei que todo mundo é que nem eu, farinha do mesmo saco. Ninguém vai fazer um pão mais bonito. Só um pão de casquinha, vazio por dentro, sem miolo.

Mas, se você é pequeno, é mais concentrado, e gente concentrada é mais forte. Gente pequena concentra a essência, tem miolo. É fogo! Você não remove essas pessoas, elas dão risada, mas não mudam um milímetro. Não são levadas, não são "machucáveis". Pode fazer chantagem, xingar, pode fazer de tudo com elas que não estão nem aí. Para elas, está tudo bom. Tudo para elas é vida, é interessante. Como é bom gente assim!

Gente com panca é chata. Elas estão todas invadidas de porcarias, de doenças, de obsessão, de influência dos parentes, de ai-ai-ai, de dói-dói-dói. Que coisa mais triste pessoa assim!

Qualquer coisa para mim está bom. Quem é pequeno, tudo o que ganha é um presentão. Quem é metido a gostoso, qualquer presentão é nada. Então, eles não aproveitam nada. Agora, eu faço força para ser pequeno, porque não é fácil. O mundo quer você grande, quer fasciná-lo:

— Ai, Calunga, você é maravilhoso.

— É bondade da pessoa — eu penso. — Não vou entrar nisso, não. Sou só uma pessoa. Agradeço o carinho porque é uma coisa boa. Mas não quero ficar nessa vaidade, porque é perigoso. Toda a forma de mal entra na gente pela vaidade, nos seduz. Vem aí o vampirismo, a obsessão dos amigos, dos parentes sempre a nos fascinar. E a gente se achando grandão. Mas, quanto maior é, maior o tombo. Vem o povo e nos seduz, e a gente resolve se incomodar.

Uai, gente incomodada é vaidosa, pancuda, porque quem não se incomoda é simples. É gente verdadeira, é gente pessoa. Há gente que não é nem pessoa ainda. É um bando de alucinação na cabeça, é doente.

E, pequeno, posso fazer uma coisa que só pequeno pode fazer: me integrar inteirinho em Deus. Olha que coisa boa! Sou pequeno e vibro em Deus. Sou pequeninho, Deus é que vibra em mim. Quanto mais pequeno você for, mais Deus fica forte em você. Quanto mais metidão, mais Deus apaga. E aí, você fica o quê? Impotente. Toda forma de impotência na vida, de desânimo, é porque a pessoa quer botar panca.

— Ah, não sei o que eu quero. Quero largar tudo, estou mal.

A pessoa que está assim é porque está pancuda, então Deus apagou. Agora, se ficar pequenininha, aí Deus acende, Deus protege, facilita, ajuda, mantém. Mas pequenininho não é ser desgraçado, pobrezinho, o último da fila. É ser um ser humano com dignidade. Você é um ser comum, mas não é porcaria, não. Não vamos pensar que ser pequeno é ser porcaria. É porcaria só quem é metido a grandão. Quem não é metido a grandão nunca vai se sentir porcaria. Nunca.

Ser pequeno é ser do tamanho que você é. É ser pessoa simples, comum, desembaraçada, simplificada. É ser uma pessoa que não precisa se proteger de nada. Não tem defesa contra nada, porque não precisa. Porque já compreendeu que a melhor defesa é a coragem de seguir para a frente. Então, ela vai inteira, rindo na brincadeira. A vida dela é um sucesso.

Ficar pequeno é também uma arte, pelo que estou vendo. Vocês estão tão corrompidos que pensam que ficar pequeno é coisa de humilhação. Mas se vocês não têm orgulho, não têm do que se humilhar. Não é humilhação.

— Ah, estou me rebaixando.

— Não, você não está se rebaixando. Está caindo na real. Você está entrando na realidade. Está deixando de ser metida. Está entrando na sua realidade, na sua verdade. Que pretensão você achar que é menos. Isso é pretensão sua, deslavada e desmedida. É só porque tem pretensão de grandeza e não consegue chegar lá, então fica aí inventando que a gente é desgraça. Ninguém é desgraçado; é sua arrogância que classifica os outros assim.

— Mas aquele desgraçado me roubou a carteira...

— Ele roubou porque você está "roubável". Ele é ignorante, isso não vamos negar, porque ele está procurando o seu sustento de forma corrupta. E isso ele vai ter que enfrentar. Cedo ou tarde, vai ter que enfrentar para poder mudar.

— Mas, minha filha, você também é corrupta. Você não faz todo o bem que conhece. Sabe que não deve falar mal dos outros, mas fala. Sabe que não deve dar ouvido às críticas dos outros, mas escuta. É também corrupta do seu modo. Corrupto por corrupto, os dois se encontram um dia na rua e o mais esperto leva vantagem. Quem mandou você bobear com a carteira? O outro levou. É assim mesmo, porque a gente só faz contato com os iguais.

— Ah, mas eu sou uma moça honrada. Nunca roubei nada.

— Uai, pode ser que nunca roubou, mesmo. Isso é mérito seu, mas de alguma outra forma você é corrupta. Você corrompeu a sua moral e os seus valores.

A vida é uma beleza. Tudo é tão justo. Ninguém pode ser injustiçado nunca, por mais que pareça ser uma injustiça para vocês. Isso é uma análise superficial. Eu compreendo o que vocês acham, mas também vocês hão de entender que a sua inteligência não está alcançando a compreensão da justiça, que é muito mais inteligente e muito mais sábia que nós. A vida é perfeitinha. Não tem acidente, não tem malfeito. Tudo cabe na pessoa certa. Todo mundo está no lugar que merece, na situação que cavou com as suas próprias escolhas, com seu próprio comportamento interior e exterior. Por isso, eu quero ser pequenininho, cheio de Deus.

Síndrome da modernidade

A felicidade é o resultado de todo o nosso empenho em procurar viver na paz, sem violência, sem revolta. Isso para poder ter a condição de usufruir das faculdades naturais de inteligência, de bondade, de prazer que você tem por direito natural. Nós enfrentamos desafios cotidianos para conseguir ficar bem, mesmo porque o ambiente tem situações muito perturbantes. Todo ambiente é agitado por inúmeras mensagens. O rádio, a televisão, o jornal, o progresso, o automóvel que vai de um lugar para o outro, o contato com muita gente trazem mensagens constantes de tudo quanto é tipo. Todo mundo quer dar sua mensagem, se expressar da maneira que acha adequada.

Se você não se adaptar bem a essa vida moderna, vai ter a síndrome da modernidade. É comum nas pessoas que ficam perturbadas pelo excesso de informação, porque não sabem selecionar e se defender desse excesso. Não sabem pôr ordem na chegada dessas informações. São as que facilmente se envolvem com o mundo de fora e acabam abandonando o mundo de dentro, tendo uma série de doenças, de problemas nervosos, de frustração, de depressão, com consequências variadas no emocional, no físico, no energético, no mental.

Elas ficam perdidas, tremendamente irritadas, agressivas contra o mundo, que lhes parece hostil demais. É o mundo que as estimula demais, que as solicita demais. As mensagens estão sempre influenciando as suas emoções, influenciando demais o seu cérebro, exigindo atitudes.

Você liga a televisão e vê os dramas nas novelas e nos filmes. Isso é uma coisa muito moderna. E é tanta emoção forjada, criada! Depois, você vai tentar dormir com aquelas coisas na cabeça e, no dia seguinte, acorda com a ressaca da noite anterior. De manhã, você lê o jornal ou uma revista e recebe mais bombardeio. Aquilo vai intoxicando.

Vamos ficando cada vez mais nervosos, mais irritados com esse mundo, perdendo a paciência com os filhos, com os empregados, conosco mesmos, com o trânsito, com o percurso do caminho da vida que fazemos. E, gota a gota, aquilo vai nos desanimando, amargando, criando problema de estômago, dor de cabeça, quebradeira, desarmonia geral. Vamos para o médico e fazemos exames. Como se faz exame hoje em dia! A medicina faz exame de monte, mas não está mexendo na causa mesmo. Ela não tem, na sua estrutura, meios de combater as verdadeiras causas da sua desorganização. Por isso, nós é que temos que fazer alguma coisa.

Por que será que a vida permitiu que nós vivêssemos num ambiente como esse? Estamos expostos a isso tudo para aprender a evoluir, para aprender a pensar rápido e a agir rápido. Antigamente, a vida era muito calma. Mas também se era calma, éramos muito bobos, porque não éramos estimulados na nossa inteligência. Hoje, somos superestimulados para acelerar as funções cerebrais, intelectuais e exigir de nós uma participação ativa em nós mesmos e na vida. Ao mesmo tempo que a vida nos cobra essa ação, está exigindo da inteligência uma mediação para lidar com tudo isso.

A paz não tem que tirar de você a ação. Paz é ação, não é ficar parado, nem fugir para a sua casa de campo. Isso é bom, porque dá uma reconstituída, mas não resolve. Quem não tem para onde ir fica vendo televisão ou vai ao cinema. Vai procurar ainda mais estímulos que o deixarão novamente desencontrado. Começa a segunda-feira mais cansado do que estava no sábado.

Temos que pensar que, apesar de esse mundo moderno nos favorecercom muitas possibilidades de aprender, de trabalhar e de viver uma vida com mais oportunidades, é preciso ser uma pessoa ponderada para selecionar tudo isso. Procure não se expor a tanta coisa desnecessária. Selecione o que você vai ver, o que vai fazer. Tenha cuidado ao ler o jornal; não entre na emoção das notícias, não se desequilibre. Não entre nas agressões dos filmes, que mexem com o seu sistema nervoso, que o deixam intranquilo, machucado. São fantasias. Não vamos inventar mais problemas, já bastam os que temos na vida. Tome cuidado!

Sei que as pessoas que produzem esse material não vão gostar do que estou dizendo, mas o que vou fazer? Estou falando do ponto de vista terapêutico, de quem quer dar uma assistência a essa síndrome da modernidade, a essa estafa constante, a essa tensão e a essa dor desequilibrante das pessoas. Muito do que você ouve ou vê é nocivo à saúde.

Essa música, barulhenta, martelando nas orelhas, desequilibra o sistema cerebral, provoca deficiência energética, emocional, insensibilidade, e depois você quer compensar nas drogas. Eu gosto demais de música. Mas há música que mais mal faz do que bem. Tome cuidado. Vocês ficam fazendo de tudo com esse rádio ligado na barulheira, com aquilo bombardeando o seu cérebro. Isso vai causar desequilíbrio, perturbação, vai dar surdez, deficiência cerebral na memória, deficiência de raciocínio, vai consumir as fontes do ânimo e você vai ter crises de desânimo, de depressão sem saber por quê. Ouça uma música boa, nutritiva. Quando as coisas são bem-feitas, elas nos fazem bem.

Mas esse pessoal de comunicação está todo louco e desequilibrado. Por isso, procure se defender. Não se exponha a isso. No entanto, você se expõe a essa grosseria e acha que o corpo vai aguentar. Até quando? Claro que o corpo se adapta. Temos um poder extraordinário de adaptação, mas também podemos perder muitas funções.

A pele, por exemplo, pode não se adaptar aos maus-tratos, e pode ficar tão feia e tão grossa a ponto de desenvolver um câncer. Se você se expõe demais ao sol, vai resultar nisso, porque chega um momento em que ela se estressa e aí surge a doença. Há um limite de adaptação no homem.

O cuidado com a gente é para evitar o sofrimento. Esse cuidado faz parte da felicidade, faz parte da paz, faz parte da calma. Se você tomar cuidado e exigir, os meios de comunicação vão ter que mudar. E precisam mudar.

Deus sempre dá o melhor para você

Pode falar que Deus vai me pagar, porque eu cobro. É bom para lembrar a Ele.

— Olha, Deus, ajudei aquela mulher. Amanhã, quero mais uma ajuda.

Na verdade, é bom não ficar cobrando, porque Deus traz a ajuda. Você pede, Ele traz. Só que, às vezes, a ajuda é fazer você pelejar e sofrer para descobrir a sua virtude. Olhe lá, às vezes não é bom pedir ajuda. É melhor dizer:

— Olha, Deus, não precisa ajudar não. Se Você vai trazer problemas para eu crescer com as minhas virtudes, é melhor nem aparecer aqui.

Não pense, não, que Deus sempre ajuda fazendo tudo "facinho". Quanta dificuldade Deus põe na vida para a gente perceber as coisas. É ajuda também, ou não é? Quer melhor coisa para uma pessoa que não consegue fechar a boca do que ficar muda? Isso é ajuda.

— Ai, meu Deus, me ajude.

Então, Deus arranca a voz dela. Cai da cama, morde a língua e acabou. Não pode falar mais.

— Que horror!

— Uai, você não pediu? Para você, a única solução era essa mesmo, porque senão não parava.

Às vezes, pedir para Deus pagar não é bom negócio. Precisa pensar bem.

A gente só complica para não ver a verdade

Complicado é quem não quer ver a verdade. A pessoa só complica para não ver. A verdade está lá, a um palmo do nariz. Mas você vê?

— Ah, não, tenho medo. Ah, isso pode ser ruim para a minha moral.

Se está lá é porque tem que estar, mas você não quer ver. Então, começa a fugir. É como esses livros complicados de psicologia e de filosofia. Quando querem encobrir a verdade, querem arranjar argumento para puxar a sardinha para o lado deles, em vez de observar a vida com naturalidade, os autores começam a complicar, complicar, complicar. Você vai ler e não entende quase nada. Parece que você é um burro. Por mais que você estude, parece que nunca chega lá. Eles é que eram burros.

Quem fala a verdade fala curto, seco e direto, e todo mundo entende. Verdade tem esse poder de simplicidade, objetividade e profundidade, atingindo todas as camadas intelectuais, da lavadeira à doutora.

Complicou? É fuga, porque não quer ver, não quer estar ali, não quer cooperar e está rejeitando a vida. Está nos mimos. Se intoxicou? É porque está fantasiando, está substituindo a verdade pelas ilusões. É uma maneira de criar o prazer por meio das fantasias, como a droga também cria o prazer momentâneo por meios artificiais, fantasiosos.

Se você é complicada, minha filha, é porque foge das suas verdades. Não tem vítima. Olhe para essas mulheres que casam com bêbados. Por que elas casam com bêbados? Porque elas são ruins para elas. Também complicam, fogem da verdade delas, rejeitam muito a vida e vão para as fantasias, para as ilusões românticas, melosas e enfraquecedoras dos seus potenciais verdadeiros.

Atraem para si, como parceiros, pessoas complicadas iguais a elas. Só que essas pessoas vão para o álcool, enquanto elas vão para os sonhos. Se olhar bem fundo vai ver que os dois são a mesma coisa, de forma diferente. E, ao se separar dessa criatura, procurando uma renovação na vida, elas acabam encontrando novos parceiros que bebem. Às vezes, nem bebiam antes de conhecê-las, mas passam a beber depois que estão com elas. São as forças das energias delas que fizeram esses parceiros beberem.

Bom empregado é pau para toda obra

Se você não vai bem na parte profissional, primeiro precisa ver se você é profissional, se está a fim de arregaçar as mangas e largar os luxinhos. Tenho visto essa juventude, andando de *walkman*, de tênis estrangeiro e bermuda não sei o quê. Pensa que quando se formar já vai ter posição. Mas nunca fez nada por si. O máximo que fez foi o que a família empurrou para fazer, e quer serviço. Quer nada, quer status. Esse povo é bobo. Só tem é panca. Se mandar limpar o banheiro, sai correndo.

— Você aceita parar o serviço que está fazendo e limpar o banheiro da firma? Não? Então você é péssimo profissional. Tem que passar necessidade, sim, para você aprender o valor das coisas. E você está disposta?

— Se precisar, vou mesmo. Grande coisa, limpar o banheiro, faço isso na minha casa, quando a empregada não vem.

— Ah, eu não cozinho. Detesto cozinha.

— Você é luxenta, é? Uai, não é obrigada a gostar de cozinha, mas tem que ser pau para toda obra.

Bom profissional é pau para toda obra. Para esse povo não falta serviço, não falta dinheiro. Agora, esse povo luxento vai ver o que vai passar. Pensa que se queixando e se fazendo de vítima vai conseguir melhorar a sua vida? Vai não.

— Não fiquei naquela firma porque não tinha benefício de saúde, vale-transporte, não tinha isso, não tinha aquilo, então não aceitei.

— Então, minha filha, é para sofrer mesmo na pele. A vida vai pôr você no seu lugar, porque você já está se pondo num lugar terrível.

Não sei se você vai gostar da minha conversa, se vai ter a clareza mental e a disponibilidade para entender o que estou dizendo, porque a tendência é dizer:

— Esse não é meu caso. Tem alguma coisa ruim que me fizeram. É a inveja do outro. É o meu colega...

— Tudo isso é mentira, porque é você que atrai, porque não toma posse de si.

Temos que tomar posse da vida. Não perder nenhuma oportunidade, nos sujeitarmos a qualquer situação para aprender a desenvolver o couro duro. Você tem que ser hábil. Nunca se sabe. Você pode subir e estar na presidência e, se não tiver ninguém para servir o café, você vai ter que saber servir. Não sabe nem servir um café direito! De que lado tem que ficar a alça da xícara, me conte, se você sabe? Tem que ficar do lado direito, porque é com a mão direita que se pega.

Quando alguém se propõe a ser pau para toda obra, o serviço procura a pessoa na lei cósmica. Porque o interesse da vida é a gente se desenvolver. Quanto mais você é assanhado para aprender e não tem orgulho nenhum, mais aprende de tudo. Você é homem, mas sabe bordar? E se uma hora você precisar?

— Ah, mas como...

— Ah, meu filho, pois você que fique aí com seus luxinhos. Não tem coisa de homem, coisa de mulher. Esteja disposto a aprender de tudo, a enfrentar qualquer aventura para proporcionar a você tudo o que puder. E se você precisar limpar o banheiro, o seu tem que ser mais limpo do que o da empregada, que não tem nem educação.

— Ah, mas dói o braço, Calunga.

— Ah, é? Luxenta, vai passar necessidade, porque está negando.

Quando a pessoa tem dificuldade de achar um emprego, de estar num lugar em que ela se sinta bem, adequada, que as coisas vão a favor dela e ela vá a favor das coisas é porque ela anda negando. Essa negação vai se acumulando e reflete na vida dela. Ela tem pregado:

— Ah, isso não. Aquilo, não. Isso é difícil, isso é ruim.

Ela tem investido nas faltas, no ruim. E esses luxos se transformam em dificuldades que refletem no dia a dia da sua vida profissional. Para corrigir isso e tirar os empecilhos, é preciso mudar a personalidade.

Você é um luxento ou uma luxenta que acha que só vai fazer o que estudou. Uai, não está conseguindo abrir as portas para o que você estudou, vá fazer qualquer coisa. Pegue o paninho e vá lavar o carro. Você é mulher e não lava carro para não estragar as mãos? Está bom, vai ficar aí chorando.

A vida escreve, a vida mostra. Você vai passar, se não for nessa, em outra vida, e vai aprender o que estou dizendo. Quem não vai no bem, vai na porrada, mas vai, porque com a vida ninguém brinca. Pense bem. Não ponha Deus nisso daí. Foi você quem fez a sujeira, não foi Deus. E faça o favor de não pôr os outros, porque os outros só são o reflexo do que você se faz. Se você se trata assim, os outros também o tratam.

Bom empregado é aquele que está disposto a tudo e sobe mais que os outros. Vai sempre para a frente, ganha mais, atrai mais dinheiro, mais inteligência, se interessa mais; esse acaba milionário. Não só milionário na vida econômica, mas milionário no espírito.

80

Autorresponsabilidade

É muito estranha essa situação de falar pelo médium. Mas eu vou me acostumando a manifestar a vontade, o pensamento, a personalidade por intermédio do meu menino, que também é de personalidade forte, mas que sabe ser passivo para deixar que outras fontes se manifestem nele. Tudo isso é o milagre do momento da comunhão, onde a expressão vence as barreiras da morte e da vida e transforma tudo numa grande ilusão, porque, na verdade, nós somos eternos. A grande realidade é que nós nunca nos separamos, estejamos onde for.

— Calunga, você precisa falar sobre autorresponsabilidade — os mentores me pedem.

Então, sigo o roteiro dos meus orientadores, que estão sempre me guiando nesse trabalho de contato com vocês. Nós, aqui do mundo astral, também temos a nossa organização, as nossas equipes de trabalho. Tem gente que é superior em entendimento, em ordem e que está sempre nos assessorando, já que temos o talento de poder incorporar mediunicamente e falar.

Precisamos falar de autorresponsabilidade, porque as pessoas não estão acostumadas com isso. No

Brasil, o ser humano é muito bom, é muito coração, é um ser muito independente, muito livre. Mas a questão da autorresponsabilidade não tem andado bem. E por isso há muito sofrimento, principalmente nas famílias, em que a noção de autorresponsabilidade não se formou. O modo de ser e a cultura não ajudam, porque o povo tem um entendimento muito errado das coisas.

As relações familiares são muito turbulentas. As pessoas mais sofrem a companhia dos parentes do que podem usufruir dos benefícios dessa convivência. Elas não entendem o que é limite e, por isso, não podem entender o que é respeito. Sendo assim, a desarmonia está feita.

As pessoas são orientadas para se envolverem demais com as outras e para deixarem o que é seu de lado. Elas entendem que é egoísmo, é falta de consideração e de humanidade tomar conta do que é delas e deixar o parente ser responsável por si. Com isso, assumem a responsabilidade dos outros. E, sem perceber, nessa de ser boa, preocupada e cuidadosa, acabam se dedicando de corpo e alma para o outro.

O outro se acomoda, já que há alguém cuidando dele, e não faz nada por si. E como não faz por si, a cada dia piora mais o seu estado, a sua incompetência, o seu mimo. A pessoa fica ranheta, brava e inconsequente. Ela é aloucada, se mete em encrenca, inventa problemas de toda sorte e ainda descarrega em quem ela julga ser responsável por ela. Não toma arrimo na vida, porque acha que tem sempre alguém para carregá-la nas costas.

O povo tem pavor de ficar sozinho. Quer sempre ter alguém para assumir as consequências dos seus atos, quer se pendurar na família, pois não quer ser adulto e responsável por si. Como não faz isso, fica na imaturidade, na inconsequência. Não leva a sério o que precisa levar. Então, o que acontece? A vida se complica, se enche de problemas, de doenças, de confusão. As coisas estão ficando cada dia mais feias, mas não há meio de o povo reparar que não deve fazer isso, que está na hora de mudarmos nossa cabeça, nosso modo de viver em família.

O verdadeiro respeito é reconhecer que cada um é capaz de cuidar de si.

Nós temos que ajudar a pessoa a cuidar de si, não cuidando por ela. Somos companhias de reencarne, mas eu não vou assumir a consequência dos seus atos. Não vou me intrometer na sua vida, nas suas decisões. Não vou me preocupar por você, quando você mesmo pode se preocupar consigo.

A mãe que se preocupa com o filho, com o marido, com os outros não assume a responsabilidade por si. É a mãe que não sabe o seu lugar na vida e, portanto, se mistura com os outros e acaba prejudicando a quem tanto ama, com a desculpa de querer bem. Essas mães, esses pais estão na inconsequência, porque não cuidam de si e ficam cuidando dos outros. E, porque cuidam dos outros, ficam esperando que, um dia, essas pessoas melhorem para eles serem felizes. São pessoas muito mal orientadas, que pensam:

— Vou fazer minha família feliz para, depois, ficar feliz comigo. Só posso ser uma boa pessoa se for caridosa e ajudar meus parentes em volta para, depois, me sentir bem comigo.

Mas como isso é impossível, porque cada um tem que fazer o seu trabalho e ninguém pode fazê-lo pelo outro, essa pessoa está sempre na infelicidade, sempre carregando as cargas energéticas dos outros, com dor nas costas, dor na coluna. Ela pega problemas que não sabe resolver, dá palpite, quer segurar a pessoa para não cometer erros e se atropela, se mistura inteira e acaba na impotência, na depressão, na obsessão. E nós estamos assistindo a isso com o coração, confesso, muito triste.

Estou vendo que o povo não toma providência e a energia de vocês, confusa, também nos complica aqui. Pois vocês também participam do mundo astral, com seus pensamentos e com suas emoções. Tudo concorre para que haja desordem e desequilíbrio. Custa para as fontes de reequilíbrio, para os orientadores e para os que estão interessados no progresso humano um esforço muito grande de tentar segurar o mínimo, de tentar renovar. Isso é um problema complicado. Vocês estão aí na inocência, ignorando que existe o poder do mundo astral, o poder dos grandes espíritos sobre vocês aí, na Terra.

Eles estão interferindo constantemente, na medida do possível, para a melhoria da evolução de cada um, sem preferência de ninguém. Todos são iguais: pode ser criminoso, católico, crente. Gente é gente. Nosso trabalho não é o de criticar ninguém, mas de procurar melhorar o que pudermos.

A nossa ação é limitada pelo livre-arbítrio de cada um. Se você decide ir por certos caminhos, nós não temos o direito, embora tivéssemos o poder de interferir — porque a gente conhece uma série de coisas que vocês não conhecem —, mas nós não interferimos. Se interferirmos, faremos a lei de ação e de reação virar contra nós mesmos. Essa interferência quebra o nosso próprio ciclo de equilíbrio e nós caímos. Então, como não temos condições de interferir, mantemos o respeito.

Muitas vezes, você se desespera, reza, pede a Deus, mas nós não podemos fazer nada. Não por não querermos. Às vezes até gostaríamos, pois pensamos sempre no melhor. Mas a verdade é que você com a sua atitude não se endireita, não assume a responsabilidade por si.

Na nossa opinião de estudiosos, o grande remédio para a harmonia do ambiente no Brasil, da família, das organizações, das empresas, das instituições políticas e religiosas é o respeito por si. É, exatamente, a condição do indivíduo de autorresponsabilidade. Estou falando de conhecer o seu limite, de entender que a piedade pelo próximo não é uma coisa boa. A piedade quer assumir o dever do outro, deixando que ele fique no mimo e desprezando o potencial que existe em cada um de nós. Já na compaixão, o nosso ato é de elevar a pessoa à situação de compreender que ela tem capacidade.

Deus não é diferente. A criança pode nascer defeituosa, com Aids, o bebê pode pegar câncer e as pessoas podem ter todo tipo de problema, que Deus não tira, mesmo que vocês achem que é um ser inocente. Isso porque não conhecem o passado daquele espírito.

Deus não vai suavizar a dor daquele que se comprometeu diante de si por não fazer o seu melhor.

Não importa que seja um passarinho, um peixe, um macaco, qualquer ser que tenha livre-arbítrio, que não se comportou no melhor de si responde a si mesmo.

Deus não interfere naquilo que você já tem maturidade para se proteger e para fazer o melhor por si. Se não faz, Deus não vai salvá-lo das consequências dos seus atos. Deus é um pai justo, que diz:

— Se você não sabe, eu o protejo. Mas se já sabe e não faz, você vai ter que arcar com os próprios atos, porque não estou aqui para carregar ninguém no colo. Só a sua inocência é que eu protejo. A sua consciência, a sua sabedoria, eu não protejo.

O ser humano que não assume a responsabilidade pelo seu melhor, que não quer cuidar de si, que prefere rolar pelo desespero, pelo mimo, pela vagabundagem se compromete consigo mesmo. A natureza não quer que você faça o que não sabe, mas que esteja em harmonia consigo mesmo. Se não age assim, você se compromete e, aí, as leis de proteção não mais o protegem. Você vai experimentar, então, o que está plantando. Ninguém vai livrá-lo disso, porque é você que tem que resolver por si. O que é da sua responsabilidade, nós não temos permissão para fazer, porque senão estaremos indo contra Deus e entraremos também no processo de dor e sofrimento. A lei é igual para todos.

Vocês têm pavor da autorresponsabilidade, pavor daquilo que cabe a vocês. Estão sempre na infantilidade. E o que é a autorresponsabilidade? É assumir com coragem o que você é. É aprender a tomar conta de si e a não ficar esperando dos outros. Só mesmo recorrer aos outros quando perceber que você chegou ao limite da sua capacidade. Aí, sim, você tem o direito de recorrer à ajuda, e ela sempre vem, porque é uma ajuda justa. Deus não desampara ninguém. O que você precisa vai chegar por intermédio de alguém, seja de um desencarnado ou de um encarnado. Todo mundo pode ser veículo da sua ajuda. Mas ela vem só quando você já fez até o seu limite. Será que fez?

• Você, em sã consciência, pode dizer que está fazendo até o seu limite, ou gosta de fazer corpo mole?

• Gosta de fazer queixa quando sabe que é um veneno para a mente?

• Gosta de se meter na vida dos outros e de criticar, sabendo que é horroroso, porque você mesmo já sofreu muitas críticas?

• Gosta de se meter na vida dos parentes, mesmo sabendo que eles não querem, só para dar lição de moral?

• Vê que seu filho não quer se preocupar consigo, mas você fica se matando, assumindo a responsabilidade por ele?

• Seu marido tem problema e você fica angustiada para resolver, só para ter sossego na vida, em vez de deixar o marido com o problema dele e ficar sossegada, que é o que lhe cabe no papel de companheira?

• Como é a sua vida? Vive correndo atrás da aflição dos outros sem reparar na sua?

• Está fugindo de fazer o seu melhor, de cuidar bem de você, da sua saúde, do seu equilíbrio, justificando que tem de cuidar de algum parente doente?

• Você fica criando impaciência interior, preocupação, desequilíbrio, aflição, com o pretexto de ajudar o próximo? Acha que isso agrada a Deus? Você acha que isso é bom?

Pois você está muito enganada. Só está criando um outro problema para você e vai ter que responder por isso. Não me venha com a desculpa de fazer caridade para o próximo, estragar a sua vida e o seu equilíbrio. Não é justificável essa piedade que destrói o que você está construindo, a pretexto de salvar o outro. Pois, quando Deus quer salvar, Ele não precisa de você.

Você tem oportunidade de se educar e de se disciplinar, mas não controla a mente. Prefere o escândalo, o drama, porque acha que está cheia de sentimentos bons. Você está poluída, desequilibrada, e isso tem um preço. Sua cabeça é sua responsabilidade. Suas emoções são sua responsabilidade. Cabe a você administrar o seu mundo interior para ter paz e equilíbrio. Ninguém tem o poder de estar dentro de você para que possa fazer com que você mude.

Você se queixa que seus pensamentos a atormentam, mas não se atormenta pela sua negligência de polir, de aperfeiçoar, de disciplinar e de desenvolver o seu lado mental? Não é você que foge à responsabilidade por rebeldia, que foge à leitura por preguiça, que foge da conversa edificante para ficar na conversa fiada, nas abobrinhas? Não é você que perde a oportunidade de se disciplinar e de se nutrir e que, depois, vai responder com a loucura? A loucura é a negligência do dever, da responsabilidade de cada um diante da vida.

Ninguém nesse mundo tem responsabilidade por você, nem Deus. Se Ele lhe deu o livre-arbítrio é porque lhe deu a responsabilidade sobre você, senão não dava o livre--arbítrio. Ele disse:

— É você agora quem vai cuidar. Você tem a capacidade de escolha, tem o poder de decisão, de fé e de controle. Não vou me meter mais, porque lhe dei todas as ferramentas. É o seu trabalho diante de si mesma e diante da vida, pois quem quer ter precisa fazer por merecer. Essa é a lei.

Essa é uma conversa muito séria. Vocês estão brincando com o que não é para brincar. Depois que a consequência vem, vocês gritam. Aí é tarde, porque vocês vão ter que aguentar até o fim. Sim, o fim é você quem faz. Essa é a grande revelação do espiritualismo moderno.

Até hoje você viveu na ideia de que alguém faz por você: Deus, os guias, os anjos, a igreja, o próximo, a família. Até hoje, você preferiu percorrer os caminhos do perdão religioso. Você faz, depois o sacerdote perdoa e sai com a consciência tranquila. Mas o que adianta perdoar se a consequência quem sofre é você?

Se você está realmente comprometida, porque não faz o seu melhor, o efeito do que fez vai voltar para você mesma. Não adianta se mortificar na igreja, se jogar no chão, rezar. Se não fez o seu melhor, sofre do mesmo jeito. A falha é do ser humano, que não quer responder por si. É muito mais fácil fugir da gente e cuidar dos outros para não ter que cuidar da nossa responsabilidade diante da vida. A primeira responsabilidade é com você, pois nunca reparou que o próximo mais próximo é você mesmo?

A esperança é que cada um assuma uma maior responsabilidade por si, que se torne mais maduro e possa usufruir de uma vida melhor, sem tanta dor, sem tanto sofrimento. E que cada um, assumindo o seu espaço interior, não permita que outras pessoas assumam esse espaço dentro de você, com perturbações de toda sorte. E que também não seja tão vulnerável às situações que o rodeiam, por uma convicção interior, por uma posse interior. Assim, incentivaremos as pessoas à nossa volta a também serem responsáveis por si, dando a elas maior maturidade, maior gosto por ser elas mesmas, maior autoconfiança, maior ajuste à sua própria natureza, maior equilíbrio e, portanto, maior espiritualidade.

A espiritualidade é a conquista do mundo interior. Se você pensa que é religião, misticismo ou é encontrar Deus, está muito enganado.

Espiritualizar é compreender e ajustar-se às forças naturais. Melhor que ser normal é ser natural.

Um espiritualista é um ser que está marchando consciente para essa conquista interior, porque o universo externo é apenas consequência do universo interno. E no interno, ele repousa sua meditação e seus esforços. Portanto, ele se conquista. E a conquista do mundo interior é também a conquista do mundo exterior. É só nessa conquista que a dor desaparece e o prazer e os estímulos superiores da evolução começam a fazer parte da nossa vida. A felicidade é o produto final da conquista de si. Quem se desvia de si está causando o sofrimento. Mas a vida vai fazer de tudo para puxá-lo de volta para o seu caminho natural.

A natureza tem a sua direção, é organizada. A natureza em cada um é definida e clara. É você quem faz confusão. Mas a confusão é um estado temporário. Nós vamos superando pouco a pouco, firmando a nossa consciência, o nosso centro interior, que é baseado no culto da autorresponsabilidade. Isso é para qualquer um, não importa a sua origem, suas influências religiosas e políticas. Ninguém vai fugir da responsabilidade, porque é um treinamento da vida.

Nós, aqui do astral, já largamos essas bobagens de religião, de raça, os preconceitos de classe social. Sabemos que a vida é variada e que toda a variação faz parte da natureza. Variação é riqueza da vida. A vida é rica. No entanto, guarda em si um ponto comum que são os seus objetivos para nós em nosso estado de evolução, que é a conquista de si mesmo. Não há outra conquista a fazer senão a conquista de si mesmo.

Cada um está onde se colocou

A vida é muito boa! Quantas chances! Você pode dizer:

— Ah, mas Deus foi bom com você.

Deus não é bom, nem é ruim. É você que se põe aqui ou acolá. A gente costuma dizer:

— Ah, que bom que Deus me ajudou, que as fontes da vida estão comigo.

Mas isso é mentira. É a gente que está com elas. Claro que elas estão aí, à disposição de qualquer um de nós.

Aonde você se colocou? Onde colocou a sua cabeça? Onde colocou sua crença? É onde você está. Você se fez de coitado, de vítima e agora está sofrendo? Paciência! Você se fez de gostosão, de forte, de líder e hoje está aí na liderança, no sucesso? Sorte sua! Cada um está onde se colocou.

Ah, mas a gente não gosta de ver, porque gosta de se tapear. Tem medo e não quer ver a verdade, mas, que é assim, é. Cada um está onde se colocou: na miséria ou na riqueza, no amor ou na rejeição. Pois quem não quer não é rejeitado.

Quem não rejeita a vida e não se rejeita nunca é rejeitado.

— Ah, fulano é ruim. Sicrano foi malvado, porque fez isso, porque me traiu.

— É muito fácil dizer isso, como se você fosse inocente. Mas depois que a gente conhece as leis da vida, vê que não é assim. É a gente que se põe no lugar em que está.

Está doente, minha filha? Ah, foi você que andou fazendo coisas erradas. Agora, paga o preço do que você escolheu. É assim que é, porque é assim que a vida nos trata. A responsabilidade é nossa. Não adianta nos queixarmos do outro se quem está sofrendo somos nós. E seria muita injustiça da vida deixar que as coisas caíssem em cima de um inocente. Imagina se Deus é assim. Só mesmo quem é cego acredita nisso. Deus não faz nada. Tudo quem faz é a gente.

É você quem vai deitar na cama que arrumou. Se pôs espinhos, vai deitar nos espinhos. Eu sei que demora para a gente compreender isso, mas se começar a ver assim, vai acabar entendendo por que as coisas acontecem. Vai entender e vai aprender a viver com mais felicidade. Está na hora, minha gente, de largar os pensamentos viciados, que não levam a lugar nenhum.

É a gente que dá muita bola para as coisas ruins, porque tem muita coisa boa, tem demais. Tem tanta gente procurando aprender, procurando fazer o melhor no seu trabalho, com honestidade, com firmeza, com cabeça boa. Tanta gente se dedicando aos filhos, assumindo as suas responsabilidades na vida. Dá cabeçada, mas está de pé. Êh, gente corajosa!

Tem muito mais gente boa do que má. Os perdidos, os desencontrados, os revoltados são bem menos. É que eles fazem muito escândalo e parece que são muito mais, mas não são, não. Tem gente de qualquer tipo.

Depois que você morrer e vier para o meu lado, vai ver como aqui a coisa é outra. As pessoas não podem ser hipócritas, não podem fazer cara de bonzinho e ser um demônio por trás. O demônio logo se vê, porque está tudo na cara. Não dá para esconder. Então, a gente vê qual a verdade do ser humano. Isso se você vier para cá e for uma pessoa lúcida, bem centrada em si, porque se for louca, não vai perceber nada. Vai entrar na loucura de roldão.

Há muita gente que reencarna aí e não sabe nem que passou por aqui, no plano astral, de tão louca que estava. Nem todo mundo tem a consciência lúcida. Dependendo do grau de amadurecimento, a pessoa vê, entende e até escolhe onde quer reencarnar. Mas a maioria não escolhe e, na hora de reencarnar, a escolha é automática. Ou seja, ela acaba caindo exatamente num lugar que tem tudo a ver com suas crenças.

Se a pessoa não gosta de dinheiro, porque acha que dinheiro e espiritualidade não combinam, a espiritualidade dela então é na pobreza. Tudo é assim:

— Ah, minha casa é pobre, mas é decente.

— Uai, casa de rico não é decente, não? Besteira, é você que é tão pobre que não conhece rico. Se conhecesse, veria que há de tudo. Há muita gente esnobe em relação ao dinheiro. Não é quem tem dinheiro que é esnobe, mas quem não tem. O pobre é mais esnobe que o rico. Vá oferecer algo para ver como a pessoa é orgulhosa. É esnobe, metida.

O dinheiro, na verdade, é uma força espiritual. É a representação da energia divina que cria as possibilidades para o espírito. É por causa do dinheiro que você estuda, que mantém o progresso no trabalho, que mantém a sociedade, as pesquisas científicas, a arte. Mantém tudo o que é mais importante para o espírito. São alimentos da alma.

Se não tiver dinheiro, como vai viver? Vai permanecer pobre, sem ciência, sem arte. Pobreza não é coisa que Deus quis, não. O poder está em vocês. Deus já deu o poder a vocês de ser pobre ou de ser rico. Mas vocês não querem assumir a responsabilidade. É a maneira de vocês pensarem que leva à pobreza, ao dinheiro contadinho, à mesquinharia de vida. Você acha que Deus tem a ver com isso? Ele não tem nada com isso, não.

As pessoas na miséria são muito rebeldes, não querem entender, não querem aprender que na vida há lei para tudo. Quem aprende cresce, pois não tem sociedade impedindo, não tem nada impedindo.

— Ah, mas fizeram uma macumba para mim...

— Foi você que atraiu. Por que, quando você estava bem, macumba nenhuma pegava? É porque você fez alguma coisa para pegar.

— Foi desde que entrou aquela fulana no trabalho.

— É, você fica dando muita trela, fica se metendo.

— Mas é ela que se mete na minha vida.

— Sempre vítima, não? E você se tocou, se ofendeu. Deixou a energia entrar, porque poderia dar de ombros, jogar a energia fora e dizer:

— Ah, isso também é bobagem. Sabe que podia ter feito isso, mas não fez. Ficou com raiva, deu trela e a energia pegou mesmo, porque você dá muita importância para os outros e pouca para você. Se desse mais importância para você, poderia ter dito: "Ah, essa pessoa não é importante". Teria posto ela lá embaixo, e você, lá em cima. Teria desligado. O que teria provocado com isso? O seu sucesso.

Vocês se fazem de vítima, mas estão aí na guerra. De inocente, não tem ninguém, não. O que você faz com o seu pensamento? Se você não olhar o seu ponto fraco, como vai crescer? Você acha que eu deveria dizer:

— Esqueça as coisas materiais, pense só nas coisas do espírito? Você acha que eu não estive aí e não sei o que vale? Pensa que vai morrer e todos vão bater palmas para você? Eles vão é dizer:

— Olha a tonta que foi pobre! Em vez de aproveitar as riquezas e tudo o que há na vida, preferiu se posicionar de vítima, de coitadinha e de pobre. Vai ter que voltar de novo para aprender como é. — O povo aqui é assim.

Chega uma hora em que as coisas inacabadas ficam puxando você para baixo, para reencarnar novamente. Mas é por causa das ideias que você abraçou. A gente aqui só fica olhando. Não pode fazer nada, porque é um acerto da pessoa com a vida, não conosco.

Se a pessoa deixar, a gente fala, inspira algum pensamento, inspira para que faça algum curso. Tudo o que é possível fazer para esclarecer, para dar um alerta, a gente faz. Mas depende de cada um o que vai fazer consigo. Vamos então mudar, fazer tudo melhor. Vamos abençoar o dinheiro:

— Ah, meu Deus, que bom que eu tenho essa casa, que tenho trabalho. Eu vou parar de me pôr lá embaixo, vou me valorizar.

Como é bom se valorizar, faz um bem para a alma! Valorizar não quer dizer que eu sou melhor do que o outro. Isso é burrice. Valorizar é dar importância ao que eu sinto. Vou fazer o que eu gosto, do meu jeito. Não importa o comentário dos outros, interessa o que eu sinto. Se eu sinto que é bom, vou em frente. Para mim, eu só tenho boas palavras. Não me culpo de nada. Sou bom comigo. Carinhoso comigo, mas firme, porque se eu pegar muito colo, eu desregro. Se ficar me alisando muito, meu corpo fica mole. Aí, fico manhoso, meio bobo. Mas pamonha, eu não sou.

Ser só o que se é

Aceite você, aceite o mundo. Não que a gente deva aceitar e ser passivo, no sentido de não fazer o melhor, de não procurar o melhor. A gente vai procurar melhorar no que puder em casa, no serviço, na sociedade, na gente mesmo. Vamos acreditar que há muito trabalho para fazer e que o nosso trabalho vai dar certo.

Não vamos ter pretensão demais, não vamos exigir demais. Vamos com paciência, com carinho. O povo do Brasil é muito carinhoso e precisa continuar a fazer tudo com carinho. Com um pouco mais de responsabilidade, mas com carinho, sem arrogância, sem querer ser um país do primeiro mundo, sem querer ser o grandão e o melhor, porque isso é muito feio. Todo povo é bom, todo país é bom, todo mundo é gente, é filho de Deus. A gente precisa saber o nosso lugar, admirar as coisas da gente, sem querer ser demais, sem querer ser o que não é possível.

Do ponto de vista pessoal, de quantos problemas e aborrecimentos você vai libertar a sua cabeça se não tiver pretensões, se não for metido a fazer pose? Quanta pose, quanta falsidade! Você pensa que é forte, mas você não é. É um sofredor, cavando um buraco fundo.

Quanta dor, quanta doença vem da arrogância, de querer ser o que não é. Isso é arrogância, é querer ser uma coisa que não é possível agora, é querer lutar por uma ilusão e não por uma verdade. Até que lutar por uma verdade, pelo que é possível, é necessário. Mas a gente quer o impossível:

— Ah, porque eu devia ser melhor, ser mais calmo, mais isso, mais aquilo...

Tudo para fazer panca para os outros, para mostrar que você é maravilhoso, em vez de pensar na sua verdade, na sua verdadeira necessidade. Quem está muito preocupado com o outro, com o que vai fazer para os outros, cai na perdição. Quem está complicado consigo mesmo vai ver que, na verdade, o que a gente tem que fazer e o que tem que ser já está feito. Não precisa ficar nisso. É só mesmo viver às largas.

Mãe arrogante *versus* mãe consciente

A mãe arrogante grita, quer impor a sua vontade, porque se julga boa, porque acha que sabe. Não escuta a criança, não entende e não sente mais a criança. Ela quer tudo perfeito, quer a criança arrumada, limpa, sem que mexa em nada.

A mãe consciente não abandona a criança, ela faz companhia. Ela não se impõe, ela conduz. Vai conversando, conversando e mostrando isso, mostrando aquilo. Assim, vai treinando a criança a fazer uma coisa com ela, a fazer outra. Ela vai levando e a criança vai que é uma beleza, porque é muito cooperativa. E como é uma criança respeitada, porque ninguém grita com ela, também não grita, respeita. É atenta, inteligente, desinibida.

Esse negócio de vocês darem tanta represália só leva a criança a duas coisas: ou fica completamente inibida e é um problema, ou fica malcriada, rebelde. Agora, precisa de firmeza, porque muita mãe abandona e larga na mão de qualquer um. Às vezes, larga com pessoas que são muito ignorantes e, depois, não sabe por que os filhos estão com problemas.

Não é largar no sentido de não ficar olhando, é ficar em volta, como a galinha que fica em volta dos pintinhos. É deixar com alguma pessoa de juízo, que respeite a criança. Não é fazer tudo o que a criança quer, mas falar com jeito. Quando é "não", é "não", com respeito, com firmeza, sem desrespeitar a pessoa, sem ofender, sem xingar, sem ameaçar.

A criança aprende a ouvir o "não". E faz muito bem, porque precisa ouvir o "não", aliás, como todos nós. Tem uns grandões que, até hoje, não ouvem o "não". Geralmente são os que também não dizem "não". Quem não diz "não" não ouve o "não". Qualquer "não" que você diga para a pessoa, ela já sai ofendida, magoada. É uma pessoa muito chata, que só cria problemas.

Gente que só diz "sim, sim" é um transtorno. Nunca se sabe o que quer ou o que não quer, do que gosta, do que não gosta, se está com ódio da gente ou não, porque esconde tudo. Faz cara de boa e de compreensiva, mas por dentro é um vulcão explodindo. É coisa de gente falsa.

Quem mete o bedelho só arruma confusão

A conexão da mediunidade é muito delicada. Às vezes não funciona com a profundidade que a gente quer. Depende do médium, das emoções, das preocupações, da energia dele, se ela se encontra mais acanhada ou mais aberta.

Quando o médium está mais defensivo, se protegendo, é mais difícil. Se ele está mais aberto, mais alegre, mais cheio de energia, fica mais fácil. Mas não é qualquer um que pode falar em um aparelho mediúnico. Precisa ter afinidade, treino, proximidade. Precisa haver uma combinação de vontade e desejo, afinidades no modo de pensar, desejo de alma para poder ocorrer essa união, para esse fluxo se expandir de modo a poder conseguir um resultado aceitável.

Há muita curiosidade em saber como é a nossa ligação com as pessoas aí da Terra. Esse negócio de energia, de percepção de como está o outro, se está ruim, pesado, se está absorvendo ou espalhando uma energia boa. As pessoas estão tirando os preconceitos e começam a perceber que as coisas são muito mais evidentes do que parecem.

Às vezes, antes mesmo de chegarmos a algum lugar, já estamos sentindo a energia do ambiente, das pessoas que vamos encontrar lá. Mas há os que só percebem quando estão lá dentro. Ou então a pessoa muito inocente pensa: "Acho que eu já vim com isso. Não é daqui, não". Não sabe que só a preocupação de chegar no horário já é suficiente para se ligar. Chega e sente.

Isso se percebe muito entre os parentes, como um suga a energia do outro. Quanta falta de respeito há na família. Acho que não tem lugar em que a gente é mais desrespeitado do que na família. Filho acha que é dono dos pais. Quer mandar na vida emocional, na vida sexual, na vida econômica deles. E os pais, bobos, dão muita confiança em vez de botar cada um no seu lugar para que haja o respeito. Os pais são responsáveis, porque deixam passar da linha.

Mas são os pais também que, às vezes, invadem, que não têm noção do respeito que temos que ter com qualquer um. Os pais se metem na vida dos filhos, querem resolver os problemas que só mesmo os filhos têm que resolver. Um dá palpite na vida do outro, no modo de ser do outro. Vai ficando aquela energia ruim em casa, que vai atraindo outras energias negativas e aquilo vai somando, pesando no lar. As pessoas então vão arrumando problemas de saúde, de negócios.

A coisa fica feia, porque nós não nos comportamos direito e estamos transgredindo a lei do respeito no lar. Não é porque é seu irmão, seu filho, seu marido ou sua esposa que você tem direito de falar como fala, de transgredir. Pode achar que você não precisa se controlar, que não precisa aprender a se educar, que em casa você pode fazer o que quer.

Na verdade, você até pode, porque a casa é sua. Mas só que vai arcar com as consequências quando as pessoas invadirem e se meterem na sua vida, quando os espíritos desencarnados, malandros, sem-vergonha, sentirem que podem entrar na sua casa, porque as portas estão abertas. E que vão infernizá-lo, com a influência que eles podem ter.

Às vezes maior, às vezes menor. Depende da capacidade do espírito e também do seu desequilíbrio.

— Ah, mas eu faço prece todo dia — diz você.

A prece é boa, alimenta, acalma e o põe em contato com as forças superiores. Mas só é bom no minuto da prece; e depois, o que você faz? Volta a ser a mesma pessoa desequilibrada, se metendo na vida dos parentes, com a desculpa de que vai ajudar? Fica se perturbando, exigindo isso ou aquilo, sem saber que só pode exigir o que está no seu direito? Às vezes, você interpreta que tem direito de exigir isso e aquilo do parceiro ou da parceira sem olhar a realidade e ver que ele ou ela não tem condições, não pode dar mais do que dá, não está numa fase com capacidade.

Você não é companheiro, é sugador. Mas ninguém gosta de ver isso. O povo não acha que suga, só que é sugado. Todo mundo confessa que é o outro que suga:

— Fulano me cansa, me enche a paciência, me dá problemas. — E ainda pede: pelo amor de Deus, me protege contra o mau-olhado, contra a carga pesada, contra o sofrimento da inveja alheia...

Pode ficar chorando, porque Deus só protege se você não arranjar encrenca. Se arranjar, não tem proteção. Vê lá se você não se mete na vida dos outros, se não dá palpite no problema da pessoa. Fique quieto. Não vá se comprometer. Conselho é bom, mas só quando é pedido. Orientação também, mas só quando é permitida. De resto, é palpite, é meter o bedelho na conversa do outro.

Precisa ver se você não está pondo o bedelho na vida dos parentes, dos vizinhos. Fica se arvorando de fazer justiça, dizendo que eles estão errados e aí você se envolve. Vê lá como você olha para os outros, porque o olho pega mau-olhado.

Não pense que são só os olhos dos outros que vêm em cima. São os seus olhos que pegam os olhos dos outros, porque você tem uns olhos críticos. Fica procurando para gozar dos outros, para diminuí-los. Aí, você pega o mau-olhado.

Aí, você vai ficar ruim, tonto, carregado, destrambelhado. Mas foi você que não tomou conta do seu bedelho.

Faça um exame de consciência para ver se você tem direito de pedir a Deus proteção, se não é você que está se metendo em confusão. Seja honesto. Não jogue sujo com Deus que Ele corta a corrente de energia com você e você fica perdido, sem a força Dele. Porque Jesus falou:

— Primeiro vá, perdoe os seus inimigos. Depois, volte, converse com o Pai e peça.

Ele sabia que não iria funcionar se você chegasse com o seu coração impuro, devendo na conta, e pedisse:

— Deus, tenha pena de mim.

Deus não tem pena de ninguém, porque só ajuda quem merece. Se você está metendo o bedelho, o que merece é bedelho na sua vida também.

Ninguém quer controlar a própria boca nem os olhos. Todo mundo quer fazer como quer. Acha que é dono do seu nariz, é voluntarioso, metido. Mas, quando leva a paulada, sai correndo, pedindo ajuda. Olha, não se faça de coitadinho. Não se engane, porque se você se enganar, quem sofre é você. O povo pensa que vai enganar a Deus como engana os outros. Você acha que engana a vida? Engana, nada.

Sentir só com os sentidos da alma

Que tesouro é a atenção! É uma dádiva a pessoa atendê-lo, ouvi-lo e dar crédito. Claro que a gente não vive na dependência disso, mas, quando vem, dá um prazer e uma alegria muito grandes, porque a gente está recebendo o tesouro da presença do outro.

Que coisa poderosa, a presença do outro! Às vezes, a presença não é feita de corpo. Eu, por exemplo, estou no rádio só na conversa, na vibração, encostado no aparelho, que vai passando mais ou menos o que eu quero dizer. Às vezes, não é 100%. Mas a gente está pondo também a presença, porque ela fica.

A presença não precisa de olhos, de ouvidos, de cheiro, de paladar nem de tato. A presença é sentida com a alma, com os sentidos da alma, não com os da vida corporal. É sentida com os sentidos interiores, com a sensibilidade maior.

E como é importante explorar esses sentidos e confiar neles para a gente sentir a presença. Às vezes, a gente se ilude com a aparência e esquece de sentir com profundidade. Então, a gente se engana. Conversa daqui, conversa dali, e não chega a nada. Se a gente segue essa conversa, só se prejudica. No entanto, quando a gente percebe com os sentidos da alma, que sente a presença da verdade, vê como é aquele espírito. Sente as presenças, no quarto, dos desencarnados em volta, ou sente mesmo a pessoa ali encarnada. Tudo é igual em termos de presença. É que uma, a gente vê com os olhos, a outra, não. Mas o sentimento de presença é igualzinho.

— Não sei se acredito que existe mesmo espírito. Se existe defunto que volta — diz o povo. — Será que não é fantasia?

É porque você não está vendo com os sentidos interiores. Se começar a ver com eles, vai sentir no seu quarto, quando se aproxima de você algum espírito. Às vezes, não é bom, porque é um espírito perturbado. Outras vezes, é seu guia, seus amigos que pagam uma visita. A gente sente que está ali.

Às vezes, a pessoa está ali encarnada, mas está tão apagada que a gente nem sente que está ali. Está tão mortinha no corpo, porque se botou tanto medo, tanta repressão, apagou tanto a sua luz que a sua presença é quase nada. A pessoa também se apaga, porque tem medo da crítica, tem medo de que as pessoas a abandonem, tem medo de tudo. Resolveu se proteger, porque é mimada. Não quer pagar o preço. Quer ser nenê, então, faz tudo escondidinho, tudo certinho. Pensa que é uma grande pessoa. Na verdade, é um grande defunto em pé, porque não tem alma, não tem presença.

Eu desconfio do povo escondido, porque é traiçoeiro. É capaz de tudo na sua loucura. Se é aberto, pode ser um assassino, mas eu confio. Sinto com o sentido interior se é agressivo ou não. Agora, esse povo dissimulado, muito conversador, querendo me hipnotizar. Precisa tomar cuidado, porque ele quer usar a gente. Vem elogiando ou querendo criticar, em tom de brincadeira para disfarçar, mas já vem atirando uma pedra aqui, outra ali. E vem de coitado, de vítima, rogando o meu auxílio, querendo me sugar. Vem com essa energia, querendo me amansar, me adoçar para fazer o que ele quer. Não vem, não, porque estou com os sentidos ligados. Estou olhando com a alma.

Para que Deus deu os sentidos? Não é para a gente se orientar por eles? Deu os olhos para a gente saber se orientar e não se machucar. Se deu a sensibilidade da alma é para a gente se orientar. Então, por que não vou usar? Se Deus deu, é porque a gente precisa desse dom.

— Ah, não é educado — dizem.

Eu lá penso nisso? Ora, eu penso em andar direito, em não me fazer sofrer, em aprender a lidar com a vida. A gente precisa despertar, olhar com o sentido interior, sentir a presença. Em vez de confiar no que você vê, tem que confiar no que você sente lá dentro.

Eu não confio em medo, porque é uma loucura da gente. Confio nas sensações, que nos mostram direitinho quem a pessoa é. Ela é assim, assim. Então, eu tomo a precaução. Já sei que a pessoa vem me hipnotizar e vou brincando, vou saindo para não me deixar pegar. Mas não tenho medo. Fico alerta. Vem sempre uma mãe falar comigo, querendo salvar a filha. Já vou brincando:

— Ah, coitada dessa filha, que tem uma mãe como você.

A pessoa quer me hipnotizar para resolver as encrencas que ela arranjou. Não quer enfrentar a si mesma, seus limites. Quer usar todo mundo para fazer do jeito que ela quer, porque acha que os outros têm de se responsabilizar por ela. Mas

Deus põe cada um diante do seu desafio, porque só nele você cresce e se desenvolve.

Deus não tira as provas, o aprendizado de ninguém. Se tirasse, não teria criança com problema, não teria doença no mundo, não teria situação de desafio. Não teria mais nada dessas coisas. Mas Deus deixa e, enquanto a pessoa não aprende a lição, fica ali. Quando aprende, Deus tira, porque Ele não quer fazer ninguém sofrer de graça. Nenhum sofrimento é de graça.

Se Deus, que é poderoso, faz assim, a gente tem mais é que fazer igual. Tem que ser perfeito como o Pai que está no céu. A gente tem que aprender a viver as leis. Se Deus impõe ao homem a responsabilidade de acordo com a capacidade de cada um, de acordo com o potencial e o livre-arbítrio de cada um, quem sou eu para me meter? Para quê? Para arrumar encrenca com o chefe?

— Ah, Calunga, você não vai me ajudar com a minha filha?

— Mas o que é ajudar para você? É sair correndo para resolver o problema no seu lugar, ou é dizer o que você precisa ouvir para despertar o seu espírito? Isso, eu fiz.

— Ah, mas assim não acho que você é bom.

— Que diferença faz o que você acha? Não durmo com a sua cabeça, não como com a sua barriga. Se prefere assim, a sua preferência é a sua liberdade. Mas não vai me hipnotizar, me botar medo. Comigo não vai, porque estou firme com a minha presença, confiando porque sinto com a alma. Estou repudiando o jeito dessa pessoa me hipnotizar, querendo tomar conta da minha vontade, querendo me criticar.

Vocês vão se metendo na vida dos outros, se enrolam, porque não veem com a alma. Depois, a vida fica complicada. Aí chamam os espíritos para ajudar.

Olha, vamos meditar melhor antes de agir, vamos sentir profundamente, vamos conhecer as pessoas com a alma. Vamos aprender a não nos deixar hipnotizar pela loucura do outro para poder atuar no mundo, para fazer o bem e para colher os frutos do nosso bem de verdade.

A vida obedece às suas escolhas

Quem não tem respeito à disciplina é sempre o que ataca. Pois quem respeita, coopera e, portanto, lucra mais. Se você é esperta, minha filha, procure a cooperação. Agora, se você acha que é espertinha, vai quebrar as regras. Mas é bom saber que se quebrar uma regra ou uma norma, você vai sofrer a indisciplina na sua vida.

A vida é ordem. Deus é ordem. Tudo tem sua hora, seu momento, seu jeito de ser. Se você quebra essa ordem, está comprometida consigo mesma.

Você entra na contramão, para o carro em local proibido, abusa das regras e diz:

— Ah, ninguém está vendo. Todo mundo faz mesmo. Além disso, estou com pressa.

Você está corrompendo e aceitando a desordem. E, quando a desordem se manifestar em suas emoções, na sua cabeça, na sua vida, você ainda diz que é injustiça. Mas foi você quem evocou a injustiça, porque a vida obedece às suas escolhas.

Cuidado com o que você escolhe. Eu quero a sua felicidade. Não quero ver você com problemas.

A paz está dentro de nós

A gente corre, corre, mas não vai a lugar nenhum.

— Ah, mas eu tenho que fazer isso. Meu Deus, me ajude a conseguir aquilo.

Vivemos correndo, disputando com a vida, disputando com tudo. Parece que a gente vai para algum lugar. Mas ninguém vai para lugar nenhum. Se você pensar bem, estar aqui ou estar ali não faz a menor diferença, pois tudo é vida.

— Ah, Calunga, eu estou aqui, mas queria tanto ter uma vida diferente, fazer assim, fazer assado. Queria ser melhor aqui, melhor ali. Você acha que é mau a gente querer o melhor?

— Não, nada no mundo é mau. Mas que diferença faz você estar aqui ou estar lá?

— Ah, não! Acho que vou ser mais feliz, vou me realizar se estiver lá.

— É um pensamento, mas certeza mesmo você não tem. Só imagina que se fizesse isso ou aquilo, que se morasse assim ou fosse assado, iria ficar melhor. Pode ser, mas também pode ser que não, pois, certeza, ninguém tem. É mentira que você tem a certeza de que aquela coisa vai ser boa na sua vida. É só olhar para trás. Quantas vezes você meteu a cara e acabou quebrando porque não era bom?

É, a gente quer muito o que não tem, quer ser quem não é, quer ir para onde não pode. Que coisa confusa! Depois que a gente morre, vê que não adiantou nada esse corre-corre, essa tensão, essa loucura de querer isso, de querer aquilo ou de falta disso, de falta daquilo. Ah, minha gente, quanta ilusão!

Sou defunto e também já fiz tudo isso. Quando cheguei no plano astral, o povo me disse:

— Olha, você está mal porque é muito apressado, muito angustiado, muito ansioso.

Sabe o que eles fazem aqui com gente assim? Mandam contemplar o horizonte por quatro horas. E a gente fica lá olhando, com aquela angústia para fazer alguma coisa, mas eles não deixam sair:

— Não, fique aí olhando o horizonte.

Vocês precisam aprender a viver e não a inventar uma vida que nunca vão ter, querendo estar num lugar onde nunca vão estar, querendo ficar onde não podem, querendo ser o que não são, querendo ter o que não é possível. Tudo é ilusão. Vocês não querem a verdade, não querem viver o dia a dia. É por isso que não têm gosto nenhum de viver. A vida de vocês é um tormento e não tem paz. É preciso aprender a contemplar para ter paz.

Como é importante ter paz na vida! O que quer dizer ter paz? É a gente se harmonizar com o movimento da natureza. É deixar a vida fluir. É ter gosto no prazer do amor, é ter gosto no que faz, é ter gosto na vida. Sem paz, a cabeça não pensa direito, acaba com a saúde mental, emocional, física, social, que é a saúde familiar e do ambiente. Não pode ter paz, porque é aquela loucura na cabeça e o corpo fica só seguindo as ordens da cabeça, tenso, vivendo num mundo que não existe, no mundo do "deveria", criando revolta, desassossego, exaltação.

110

— Você é uma pessoa exaltada? Vive nos impulsos e depois fica moído, arrebentado, não dorme direito. Paz é o contrário. Não quer dizer que, na paz, você vá ficar sem fazer nada, porque isso também machuca. Você pode ser dinâmico e até ativo. Mas o jeito de fazer suas tarefas é calmo, equilibrado, harmonioso. O movimento é gracioso. Paz é uma grande necessidade da gente. O povo vive dizendo:

— Ah, estou me matando para um dia ter paz. No dia em que meus filhos estiverem criados, vou ter paz.

— Que mentira! Desse jeito, você não vai ter paz nunca. Vai morrer desassossegada, perturbada. Aí, vai virar um espírito vagante, só correndo atrás das coisas ruins que criou na cabeça. E a gente querendo tirar a pessoa dali, mas tem que esperar ela desgastar. Só quando começa a cansar daquilo tudo é que ela percebe que está em outra dimensão.

A vida para essa pessoa é um choque. O sistema nervoso dela não aguenta. Vai começar a decair, pois até quando ela vai ter força? Não vamos abusar da saúde que Deus nos deu, do nosso equilíbrio. Você pode ser muito forte, mas tem limite.

Vamos, então, mudar a cabeça. Olhe bem para a vida, não adianta correr. Tanto faz você morar em casa própria ou com a sogra. Se você é inquieta, vai ser sempre inquieta. Às vezes, você não vive mais com a sogra, mas não desliga dela. Ela foi falar de você para a cunhada e você já ficou nervosa e aí criou aquela confusão?

A pessoa desassossegada quer que o mundo fique calmo para ela ter um pingo de paz. Nem pingo, nem tempestade, você vai ter, se depender dos outros para ter paz. A paz está dentro de nós. É a atitude interior que a gente vai construindo devagar, ao perceber o que tira a nossa paz. O que tira a sua paz? São as suas esperas? Pare de esperar.

— Ah, não quero esperar nada desse mundo, não. Não vou esperar 20 anos para ter paz, não vou esperar isso ou aquilo... Claro que uma casa própria é bem-vinda, se quero viver do meu jeito. Mas não vou deixar de ter paz. Claro que quando os filhos casarem vou ter mais tempo para mim.

— E o que você vai fazer com seu tempo?

— Ah, vou voltar a estudar, vou poder viajar, vou poder fazer isso ou aquilo.

— E agora, você não está fazendo?

— Estou.

— E daí? Tudo é a mesma coisa. Não importa se você está trabalhando ou viajando, se está olhando a paisagem ou olhando as crianças. Que diferença faz? Vocês querem ver diferença onde não existe. Tudo é trabalho, tudo é fazer.

— Ah, isso aqui é bom, aquilo é ruim.

— Bobagem. Isso é desassossego. Tudo é jeito de olhar. Tudo é contemplação.

— Ah, quero ficar aqui, quero ficar ali.

— Para que se exaltar? Fique na paz. Qualquer lugar é lugar. Qualquer cadeira é cadeira, seja ela estofada, de madeira, banquinho, banco de escritório. Para seu corpo, sentou, está sentado. Tudo é igual.

Esse é o princípio da paz e da tranquilidade. Cada hora é sua hora. Cada coisa é sua coisa. Mas tudo é igual, no fim. A vida é igual para todo mundo, com ou sem dinheiro. Lá por dentro, é tudo igual. É ilusão sua acreditar que é diferente.

É ilusão que você está aí desgraçada lavando as panelas enquanto a outra está passeando no shopping. É ilusão. Relaxe. Não deixe esse pensamento perturbar a qualidade do seu momento. Limpe a panela e sinta. Fique inteira no que você faz. Não tem nada melhor, não, porque a outra situação não é a sua vida. Não caia nessa ilusão. Não estrague esse seu instante pensando que há um outro melhor e que, portanto, o que você está vivendo é uma porcaria. Não deixe isso iludi-la, minha filha. Não pense que há uma vida melhor para você. Não tem, só tem essa aí. É você que é ruim. Relaxe. Fique na paz e se dê o direito à paz. Nada importa. Só existe o momento.

112

— Ah, que bom ter paz!

— Mas, Calunga, tenho medo. E os meus objetivos na vida?

Largue isso. O objetivo da vida é viver cada momento, a riqueza desse momento, a presença sua na vida, os filhos do jeito que são, a casa para cuidar, o serviço que você faz sempre igual. Mas é isso aí a sua vida. É aí que você exercita a sua paz, o seu controle interior, a sua evolução. Não tenha medo do trabalho repetitivo. Não fique com muita ambição. Para quê? O mundo vai levá-lo para a frente; você vai para o melhor. Então, pare com a luta. Não lute.

Vamos entrar na faixa do usufruto, não da luta, da espera, do tormento interior, nem da desvalorização do que a gente faz. Vamos largar o sonho e a ilusão para a gente usufruir do que é, do que se tem. Sempre o que se tem hoje representa a conquista de ontem. Nada veio do céu. Você passou, viveu, acumulou, criou, se propôs, pôs a sua energia de vida para estar onde você está agora. Não tem outro momento senão esse.

Para que fazer tanto esforço? Quando for a hora, alguma coisa acontece. A gente não precisa se preocupar com nada, porque tudo a vida leva. Quando não sei, não fico preocupado, porque alguém deve saber, alguma coisa vai acontecer para me mostrar. Não me preocupo e assim tenho paz. Se fico tenso, já perdi a minha paz. Acalme-se; isso é o que faz diferença.

— Ah, mas eu quero saber...

— Para que você quer saber? As coisas chegam no pensamento. A vida é cheia de mensagens, porque a gente precisa dessas mensagens. A vida traz o conhecimento na hora certa.

— Mas, Calunga, acho que a gente tem que lutar para conquistar.

Quem luta não sai do lugar. Quem corre atrás não anda. Quem não corre é que caminha. Só caminha quem fica, porque assim a vida vem até nós.

O caminho da simplicidade

Medo de fazer feio é arrogância, é vaidade. Quem não tem vaidade nem arrogância é uma pessoa simples, não tem medo de nada. Qualquer medo é arrogância, é orgulho.

Quem não tem orgulho, quem não tem pose, não tem nada a perder. Mete a cara em qualquer coisa. E, quando erra, acha ainda engraçado, dá risada de si. Isso é gente boa. É gente que erra pouco e acerta muito. Não precisa ser pobre para ser simples. Pode ter muito dinheiro, fortuna e ainda assim ser simples.

Vocês acham que pobre é humilde. Que mentira! Pobreza ou riqueza não fazem a humildade. Humildade é outra coisa. Não é ficar morando debaixo da ponte nem se submeter aos outros. Vocês confundem muito humildade com ter que fazer o que os outros querem. Não é nada disso, não. Eu digo:

— Não, não vou.

Quando preciso dizer, eu digo. E não estou sendo arrogante, estou sendo sincero. Não vamos confundir, senão você vai ficar com medo de pegar o caminho mais fácil. O caminho da simplicidade é o caminho mais fácil. O mais difícil é o do arrogante. Come o pão que o diabo amassou.

114

Tudo na vida tem jeito

Você é uma pessoa que se repete muito? Vai sempre aos mesmos lugares, conversa sempre com as mesmas pessoas, até o seu problema é igual? Conta sempre a mesma história, ri da mesma piada? Tem gente que é assim. Será que esse não é o seu caso?

É a pessoa videoteipe, que está sempre repetindo tudo igual. Parece uma fotografia, porque fica eternamente parada naquilo. Por que uma pessoa fica assim igual com tanta coisa curiosa na vida? Às vezes, é porque ela está aprendendo a ser segura, a ser organizada. Então, ela passa por um período de monotonia. Fica meio emperrada, meio engasgada consigo mesma por um período grande.

Que esquisito, pois com tanta coisa acontecendo nesse mundo moderno, tão dinâmico, a pessoa fica sempre igual. Está sempre com o mesmo cabelo. Mas o povo é assim. Tem aquela que troca de cor de cabelo toda semana. Ela também exagera. Toda hora está trocando de cara porque é mais fácil trocar a cor do cabelo do que mudar de atitude.

Mas tudo tem a sua hora. Cada um está exercitando, de algum jeito, o seu modo de criar, de viver. Veja, por exemplo, a questão do destino, que toca a todos nós. Todo mundo

115

quer forçar o destino a realizar o seu sonho, para que dê certo no amor, na carreira.

Acho que a gente pode mesmo fazer o destino e tem uma certa consciência disso. Nem sempre sabe como fazer, mas a gente quer forçar. Faz o possível para as coisas irem de um jeito e não de outro, embora a gente erre, porque não sabe bem como fazer o destino funcionar. E, às vezes, a pessoa tenta tanto que passa a ser autoritária e arrogante:

— Eu quero assim, porque tem que ser desse jeito.

Não aceita que seja diferente. Acho que isso é descontrole. Mas, no fundo, a pessoa está apenas querendo a felicidade. Você já pensou que tudo que você faz, de certo ou de errado, é porque pensa que isso vai levá-lo à felicidade? Aquele que rouba, o que mente, o que é sincero, tudo que o pessoal faz é pensando que vai trazer a felicidade.

Que força tem a busca da felicidade em nós! A gente quer viver, quer se realizar. Uns com dinheiro, outros com amor, com a esperança de que aquela pessoa vá fazê-lo feliz. Quantos sonhos de felicidade todos nós temos. E quando a gente se decepciona, porque não consegue, então, não quer sonhar mais. Quer brigar, quer chorar. E quanto maior a revolta, mais mostra que o desejo da felicidade é grande, pois se o desejo fosse pequeno, a revolta seria pequena. E a gente vê que também o revoltado, o agressivo, o amargo quer a felicidade.

Sorte daquele que sabe parar para analisar e ficar só olhando tudo, sem emoção. Vai fundo e, daí é que descobre as coisas. Quando fica só contemplando, se liga na consciência cósmica. A sua consciência, a sua lucidez ainda é muito superficial. Por isso, quando você mergulha fundo na consciência cósmica, começa a entender as coisas.

— Quer dizer, então, que o conhecimento de tudo está dentro de nós?

— Está mesmo. Se a natureza nos põe para viver, tem que pôr também o conhecimento para termos condições de fazer as coisas. É que você é muito afobado, muito emocionado, muito indisciplinado e não para para ir fundo. Então, as coisas ficam confusas. Feliz daquele que sabe parar e ficar calmo, só olhando a situação, abrindo a mente e o coração na boa vontade para entender; esse vai dominar a vida e vai ser feliz.

Tudo que consegui de bom na vida foi assim. Mas a gente fica doido, desesperado, emocionado e fica repetindo o que já fez. Uai, se já fez e não deu certo, por que repete? Tem que parar, contemplar, ir fundo, acreditar que tem jeito. Tudinho tem jeito. Pare de ficar desesperado que isso não leva a nada. Só dá dor de cabeça.

Tudo tem jeito. Tem sim, tem muito jeito. Tudo é aprendizagem.

• Aquele que está aflito, está aprendendo a movimentar sua energia de ação.

• Aquele que está encruado, parado na vida, está aprendendo a usar o breque.

• Aquele que está trabalhando, está aprendendo a usar as suas faculdades.

• Aquele que trabalha com a moleza, com a preguiça, está aprendendo o valor do tempo, a trabalhar sem estresse.

• Tem aquele que está trabalhando afobado, angustiado, preocupado, que também está aprendendo a assumir responsabilidade.

Tudo que você chama de defeito, na verdade, é uma das suas virtudes que está aprendendo a usar.

• A raiva é a virtude da coragem, que você está aprendendo a usar.

• A crueldade é a força da transformação, que a gente também está aprendendo a usar.

• A mentira é a força do manuseio, da interpretação, da adequação à situação, que você está aprendendo a usar.

• A falsidade é a nossa capacidade de conter e suprimir elementos perigosos da nossa vida.

• A traição é porque a gente está aprendendo as questões do compromisso. Quem trai acaba tendo as suas reações e acaba aprendendo o que é se compromissar, quando deve se compromissar e de que forma deve fazer os compromissos. Quando há a traição é porque a pessoa não tem coragem de encarar a verdade.

• Quem está fugindo está aprendendo a se afastar daquilo que o incomoda.

• Quem está confrontando está aprendendo a transformar aquilo que o incomoda. Todo mundo está em trabalho.

• Quando a pessoa bebe muito, está aprendendo a dominar o seu orgulho. Claro que é de uma forma dramática e dolorosa, mas está aprendendo.

• A doença está ensinando você a se tratar melhor. Você, que não gosta de si mesmo, que se queixa que tem pernas finas, orelhas grandes, nariz torto, então, pega as doenças, empesteia o corpo para aprender a se gostar e a se tratar melhor.

Todo mundo, minha gente, está na lição. O povo diz:

— Quanta crueldade, quanto sofrimento nesse mundo, quanta gente ignorante, quanta violência...

Vocês falam que a sociedade hoje é muito violenta. Mentira! O homem sempre foi assim, em qualquer época. Sempre fez guerra em qualquer época, em qualquer sociedade. E vai continuar a guerrear porque está aprendendo a usar os poderes de transformação, os poderes do direito humano, os poderes dos princípios de liberdade, dos princípios de individualidade. Tudo isso é feito da maneira que o homem sabe fazer, de acordo com o seu estado de evolução. Um dia melhora, como já melhorou em muitos aspectos porque a humanidade já aprendeu. Então, está tudo certo.

Está tudo certo, porque Deus não erra. Você é que vê erro, porque não entende. E o que não entende, você acha que é errado. Mas se você pudesse, de algum modo, sentir o pensamento de Deus, ia ver que está certo, que é isso mesmo o que Deus quer. Se não quisesse assim, já teria mudado.

Você gosta de se queixar da vida porque ela não é do jeito que você queria. Sinto muito dizer, mas está certo.

É você que fica achando erro. Toda crueldade, tudo está certinho. É bom você parar de se queixar e tentar entender, se quer mesmo ser feliz. É preciso entender os porquês, mas você não procura, então por que diz que é difícil?

A vida não esconde nada.
É você que não quer ver.

Vamos sair desse delírio de enganos e erros, de obstáculos e pessimismo? Vamos viajar juntos e descobrir isso tudo?

Para que exagerar o que já não é bom?

Que mania essa de exagerar as coisas! Não precisa disso. Por que a gente exagera? Às vezes, a coisa já não é boa, como a doença que leva a pessoa ao sofrimento, e ainda precisa exagerar? Precisa ficar imaginando?

— Ai, o que vai ser dela? Nossa, deve estar sofrendo muito! Ai, ai...

— Mas como é que você sabe? Você não está sentindo a dor do corpo dela. Por que diz que ela deve estar sofrendo muito? Por que fica aí gritando "ai, ai", como se fosse você que estivesse com dor? Não faça isso, não. Se recomponha.

Esse povo é exagerado e perde o controle. É que nem a criança que, às vezes, precisa levar um tapa para ver se ela se volta para si mesma. Não, minha gente, se recomponha. O que é isso? Você se largar assim, se perder nesses dramalhões, pensar em se suicidar, cair na depressão, se jogar na cama? E esses homens que bebem, bebem. Parecem um alambique. Que falta de aprumo! Fazer escândalo é falta de responsabilidade consigo, falta de dignidade.

Vamos olhar a medida certa das coisas. A coisa pode não ser boa mesmo, mas vamos olhá-la do tamanho que ela é. Chega que já não é boa. Ainda vai aumentar? Ainda vai contar para os outros? Ainda vai ficar relembrando? Largue isso tudo. Diminua, porque a coisa é menor. Aí, quando ficar bem menorzinha, você vai encontrando a solução e vai dar um jeito na sua vida com dignidade. Pessoa assim está sempre vivendo melhor. Gosto de pessoa simples:

— Ah, nada tem problema na vida.

Está caindo a casa, mas ela não tem problema nenhum.

— Se não for nessa casa que vou morar, é em outra.

Assim vai, com uma coragem, com uma facilidade! E tudo vai bem na vida dela, tudo.

Pode você viver sem coração?

Que beleza que é um só momento. Num só momento, a gente pode mudar tanta coisa, não é minha gente? Num só momento a gente pode chegar, abrir o coração e abraçar aquele amigo, aquela amiga, que está ali, sustentando uma amizade, apesar da sua incompreensão, do seu mau gênio, apesar do seu problema.

Num só instante, você pode voltar seus olhos para a beleza daquele companheiro de todas as horas, daquele bichinho que você tem em casa, que lhe faz companhia, e lembrar nele de toda a humanidade. É tão interessante que o animal possa expressar mais humanidade que o homem.

A gente percebe, então, que a natureza tem formas belíssimas de fazer com que você acorde para a grandeza. É nas pequenas coisas que há grandeza. É o sol penetrando pela janela da cozinha na manhã seguinte, lembrando-o de que tudo vai continuar, apesar da noite tortuosa, apesar da nuvem de problemas que você tem na cabeça.

Um só instante é suficiente para você ver a água correndo da torneira e pensar:

— Meu Deus, essa água vem do rio, da represa. Milhares de pessoas trabalham para que essa água, inocentemente, passe pela minha torneira, role na minha pia, encha a minha caneca para fazer o café. — E você toma o café e diz:

— Que aconchego esse líquido saboroso, estimulante, entrando em mim, acomodando o meu estômago, me acarinhando por dentro! Que coisa boa que a natureza me traz num instante!

A atenção nas pequenas coisas grandes coisas revela.

É, não podemos deixar passar despercebido o nosso dia: a toalha que forra a nossa mesa, o pão fresco, a manteiga farta. Essas coisas têm um encanto, não é verdade? A saída para o trabalho. Deus lhe deu o trabalho, que coisa boa! E você pensa:

— Eu sou um ser em movimento, em ação, cooperando com essa massa imensa que é a humanidade. Meu trabalho tem um significado para tantas pessoas e um significado para mim. É só um instante e tudo isso vem à sua mente.

Um instante de verdade, um momento de caridade, em que você abre o seu coração com a vida. O ônibus que o pega, a condução que o leva pelo caminho.

É muito bom viver, estar aí reencarnado nas coisas da vida. É bom demais. Mas você precisa assumir você mesmo. Meu Deus, quantos dias de cegueira! Quanta dor ajuntando olheira, debaixo dessa aflição. Minha gente, pode você viver sem coração? Pode você esquecer todas as coisas reais da vida e se deixar levar por esse monte de ilusão? Não pode mais.

Na loucura que nos invade, nas tentações de toda vida, seja ela física, seja ela depois da morte, ainda temos a responsabilidade da disciplina da nossa vaidade. Se você pensar, você que está aí, senhor absoluto de tudo o que acontece dentro de você, vai ver que precisa demais ter a bondade de dar a você mesmo alguma coisa de bom, se achar que tem o direito de merecer. Precisa voltar a fazer amizade consigo e voltar a se olhar com amor.

Voltar é aceitar o que se é. É rever o próprio valor, porque se você continua na arrogância, querendo ser o que você não é, querendo transformar a sua pessoa naquilo que não pode ser, você vai acabar sem poder. Vai acabar vazio, esquecido, desvalorizado, reprimido, sofrendo o abandono que você mesmo plantou.

É, minha filha, não tem mais nada para você fazer na vida, senão perder a sua arrogância. A arrogância, que, para ser perdida, deve ser primeiro reconhecida. Arrogância, que é a exigência de qualquer sorte, mesmo mascarada de responsabilidade. A arrogância, que em termos de exigência, é forçar a vida em favor da vaidade. Pense nisso, minha filha, que ser humano nenhum vai evoluir forçado, que cada lição que o homem aprendeu foi porque ele se amou de verdade.

Se você pensa que a natureza vai se curvar às suas exigências, você vai ser uma ignorante, e ignorante por excelência. Você precisa reconhecer que, no dia a dia do melhor da vida, é preciso ter muita paz, se render, minha filha, porque senão você pensa que está indo na subida, mas está escorregando numa imensa descida. Pare para pensar:

— Meu Deus, como é que eu sou arrogante? Eu sou arrogante quando não me gosto, quando não me aceito. Sou arrogante quando brigo comigo, quando me culpo, me maltrato, me escondo e me envergonho. Sou arrogante quando quero me consertar, quando quero fazer de mim alguma coisa melhor sem ao menos saber se tenho agora condições para isso.

É, a intenção pode ser boa, mas a ação ainda é uma violação da natureza e do fluxo natural das coisas. Pare e pense que, querendo ser perfeita, você criou a imperfeição.

Você está estragando a obra de Deus nos caminhos da perdição. Pense nisso, minha filha, porque, se você não pensar, a vida vai fazer com que você tenha que olhá-la por meio do sofrimento.

Depois, você, que não compreende nada do que acontece, fica no lamento, como se fosse vítima, mas vítima do próprio esquecimento. Olhe, minha filha, chegou o momento; chegou o momento de repensar muito sério em você. Não porque você queira ir para o reino de Deus na vaidade de ser um anjo, mas na simplicidade de quem aprendeu que a melhor coisa, para se viver feliz, é se amar. É viver com alegria, com simplicidade, sendo apenas você, uma pessoa que é como é, no corpo que tem, do jeito que está, com o seu modo simples, desembaraçado, sem se preocupar em errar ou acertar.

Todo mundo que está preocupado com o erro, preocupado se vai dar certo, preocupado com a vida do outro, enquanto a sua está ali no esquecimento é porque, forçosamente, não está certo no pensamento. Está exatamente querendo o impossível. Se você inveja o outro, na apreciação da qualidade e da conquista que o outro obteve, é porque você mesma não soube e não manteve a sua.

Você precisa olhar para si. Não há nada igual a você. Deus estampa nessa sua forma que o espelho revela toda a beleza e a unicidade daquilo que Ele criou para você. É na adoração das formas individualizadas, do corpo original, dos sentimentos únicos, do jeito próprio, que nós devemos cultuar a religião da vida, porque Deus é a expressão da vida. Vida é Deus, em movimento e em ação.

É, minha filha, invisível, mas completamente tangível. Não há nada mais tangível do que Deus, nada mais presente, nada mais firme e mais forte que Deus. Deus, que é a vida em você, que é a forma, a cor, o som. Deus, que é a sensação constante da existência, a persistência eterna da permanência. É Deus. E você é esse produto. Deus é você. Deus se manifesta em você, que é o templo da vida, não é verdade?

A adoração da própria vida é aquele que se curva diante do simples, sem a pretensão de ser muito. Isso não quer dizer que, na sua estrada, você não cresça. Não cresça na responsabilidade, não cresça na posse dos bens materiais, na posse dos bens morais, na posse dos bens interiores. Mas o caminho da subida é o caminho da simplicidade; daquele que, com humildade, aceitou a si mesmo e abriu o coração na imensidão da certeza; do anjo da caridade; aquele que mora em seu peito; aquele que o cobre no leito de proteção e carinho para que você, no dia seguinte, acorde completamente renovado; aquele que só fica com você quando você tem a coragem de lutar contra o seu orgulho e ficar com Ele.

Aquele que sustenta a humildade jamais será humilhado.

Humilhação, dor, ressentimento e desamor são para quem tem orgulho. Na humildade, as coisas são muito simples, são sem vaidade. Nada difere. A maior proteção do espírito é a realidade cósmica. E a realidade cósmica não se aprende nos livros ou depois de séculos de evolução. Ela está aqui, bem perto de você, dentro do seu coração. É a humildade, é a pequenez que engrandece.

Você que padece e que precisa de uma libertação, lembre sempre que você é um pingo de luz na pequenez da escuridão. E quanto mais pequeno você for, mais intenso será o brilho do seu coração.

Acabe com os vícios mentais

A gente não precisa falar mal dos outros para mostrar que é diferente. Mas gosta de dizer:

— Como tem gente que é tão ignorante. Como tem gente que é moralista. Como tem gente que é ruim...

Se com isso você quer dizer que se acha muito bacana, fale logo. É tão feio meter o pau no mundo só porque as pessoas estão em outra fase. Tudo é válido na vida, até mesmo os erros. As pessoas erram, mas aprendem. O povo também tem direito de errar, de procurar um caminho diferente do seu, de viver na rua como mendigo, de não querer trabalhar.

A gente fica nessa presunção, sempre achando um jeito de rebaixar o outro, de criticar. Que coisa mais feia! Cadê a compaixão? Você acha que é tão diferente, mas diferente em quê? Para pior ou para melhor? Você quer insinuar que é para melhor, mas não vejo isso, não. Acho que é para pior. Aí você pega as energias pesadas, as alergias, as gripes, as quebradeiras no corpo. Acha ainda que é injustiça. Não é, não. Foi você que procurou, e quem procura acha. Não faça essas coisas, porque elas trazem um prejuízo muito grande para o seu funcionamento interno e também para o seu ambiente. Depois, você sofre. Mas estou aqui, de amigo, para lhe dizer:

— Pare de meter o pau nos outros.

Você também não é flor que se cheire. No fundo, ninguém é flor para se cheirar. Somos todos farinha do mesmo saco, milho da mesma espiga. Você precisa conter esses vícios, porque eles têm consequências perigosas.

Se você não pode mudar essa situação, melhor se adaptar a ela. É melhor procurar fazer o que você pode e não poluir seu mundo interior, nem sua mente, oprimindo o seu coração. Daqui a pouco, você não quer nem mais amar ninguém, pois está sem confiança. É você quem faz as coisas pelo avesso e, depois, quer sair pelo lado certo. Não tem jeito.

Vocês precisam aprender que não dá para fazer tudo o que querem e que mentor não é empregado. Vocês fazem a sujeira e nós vamos lá com o pano para limpar? Tem graça? Você ri, mas você espera isso da gente. A conversa é sempre a mesma:

— Ah, faz para mim. Estão me perseguindo com a inveja...

Todo mundo se queixa de todo mundo. Vocês ficam nessa guerra vibratória. E pensam que é só pedir que a gente atende? Não adianta rezar e, depois, ficar atirando pedra um no outro. Você pensa o quê? Jesus já falou para você perdoar os inimigos e, depois, ir lá para o Pai e orar. Se você não fizer isso, pensa que vai melhorar? Acha que tem mal no mundo que não seja atraído pela própria pessoa? Você não quer ver porque não é interessante ver. É bom ficar de vítima.

O que você espera colher com a sua revolta? Acha que você é a vítima indignada. Saiba que tudo na vida é mérito. Deus gosta de tudo na lei do mérito. Você vai ter o que merece. Não adianta se fazer de vítima, dizer que não tem responsabilidade na sua doença. Tem, sim, senhor. Toda doença é criada pela nossa maneira de infringir a própria moral, a consciência do bem dentro de nós.

Vamos corrompendo a própria moral porque não gostamos que ninguém fale mal de nós, mas nós falamos mal dos outros. Isso não é corromper a moral? Você gosta que todo mundo fale bem de você e o entenda, que as pessoas sejam discretas quando você comete um erro, quando diz uma besteira. Você espera isso, mas não é o que faz. Não vê a hora de sair dali para rir da pessoa nas costas. Isso não é corrupção da própria moral? E você acha que a sua natureza não vai responder? Vai responder, sim.

Você fica na vaidade, quer parecer bonitona. Dá muita bola para o que o povo fala. Não escuta mais a sua natureza nem o seu coração. E o que acontece? Você se vira contra si mesma e a sua natureza reage, criando as doenças. Queria ajudar você, porque sei que você tem muitas coisas boas. Queria ver você com o progresso financeiro, ver sua família crescendo bem com tudo o que há de bom. Mas de que adianta eu querer se você só ficar no querer e não puser em prática o que precisa? Precisamos reeducar a nossa cabeça.

Esses vícios são piores do que cigarro e bebedeira, que são coisas passageiras. Quero ver mesmo você combater os vícios mentais, de comportamento, de corromper a sua moral, seus valores, o que você sabe que é certo mas não faz. Mas você não foge à justiça da natureza. Ninguém vai puni-lo, nem Deus nem o semelhante. É dentro que você planta e faz a desarmonia, e vive a desarmonia interior, seja na emoção, nas crises de depressão, de dor no peito, de tormento mental, nas várias doenças que cria.

O povo sonha com uma medicina e com um remédio que cure tudo, mas a cura está dentro de nós. Está no respeito à nossa própria moral, à consciência que temos do bem. Você conhece muita coisa boa e por que não pratica o bem que você já sabe? Por que não leva isso a sério?

O bem levado a sério hoje garante o bem do amanhã.

Mas você fica tão preocupado, querendo saber se as coisas vão dar certo! Esqueça isso.

Você precisa aprender a terapia da almofada. Vou ensinar. Pense comigo: uma almofada azul, de veludo, grande, bem macia. Imagine-se sentando nela e você vai relaxando, esquecendo tudo o que está na cabeça: as brigas, as revoltas, as lutas, as preocupações, as besteiras desse mundo. Você vai ficando mais soltinha, minha filha, e vai se entregando na mão de Deus. Você vai ficando "facinha". Já ficou fácil? Pessoa fácil é melhor. Não quer brigar, porque briga dá muito trabalho. Não quer fazer pergunta demais, ter dúvida, porque também dá trabalho demais. Fique na almofada mental.

Largue todas essas brigas, as besteiras do mundo, a queixa de um, a queixa do outro. Pare com essa complicação, com os exageros, com os dramalhões.

— Ah, porque fulano está criando problema. Agora precisa ver...

Tudo encrenca. Gente complicada gosta de criar encrenca. Deite na almofada. Ah, vamos parar com essa brincadeira de tragédia na vida. Deixe lá dentro ficar vazio. Diga:

— Olha, Deus, leve a minha inteligência, me mostre as coisas. Leve a minha boca, eu deixo Você falar por mim. Tudo aqui é seu, é obra sua. Eu não sou nada. Nunca fui e jamais serei. Qualquer sentimento em mim é Você. E vá se entregando para Deus. O futuro é seu, Deus.

Senta na almofada, acalme-se, porque isso não vai levar a nada. Brigar com a vida não resolve nada. Você vai precisar das suas forças. Primeiro, precisa ter calma. Precisa facilitar para entender e, quem sabe, se Deus permitir, possa vir alguma ajuda.

Eu faço assim para administrar a ajuda que eu puder ter. Acalmo a minha natureza, usando a mesma força para incentivar meu trabalho, apesar de saber que, às vezes, a minha ação é limitada, por mais que eu queira. Uso a força para ter coragem e ir em frente, porque Deus, quando age em mim, age com magnitude. É preciso estar ali, firme, para quando Deus precisar de mim.

Ninguém pode abrir mão do poder de escolha

Os seus parentes, o pai, a mãe, os filhos têm tudo a ver com você. As encrencas que você tem em casa também estão certas. São para você praticar a paciência:

— Ah, mas eu pelejo para ajudar esse parente meu. Há anos que eu sofro e não consigo. É o filho que me dá problema...

Isso é para você aprender a conviver com as pessoas sem se meter. Essa é uma das coisas mais difíceis. Se a gente gosta da pessoa, acha que ela é um pedaço nosso e que, por isso, tem o direito de dizer:

— Você não pode ser assim, porque vai sofrer muito. Você tem que mudar.

A gente não pode querer impor a nossa realidade para o outro, mesmo que seja com a perspectiva de salvar e de ajudar, porque o homem sempre age com boa intenção. Mas a gente não percebe que o outro tem o direito de ir pelo caminho que ele escolheu e que desse direito ele não vai abdicar.

Por isso, quanto mais você é impositor, menos a pessoa o escuta, por mais que você possa ter razão. A pessoa tem esse direito e vai exercer o direito de fazer o que ela quer, de seguir o caminho que ela quiser.

Quando o ser humano quer impor, quando quer negar ao outro esse poder, essa liberdade, esse direito, o outro também se nega a ouvi-lo. Nega-se a seguir a sua orientação e nega o seu apoio nem que isso lhe doa, porque ele não pode perder o seu direito de escolha.

Você, que impõe, que briga, que fica doutrinando, que fala, fala e deixa os filhos com as orelhas quentes, saiba que isso só serve para você exercitar o seu comando, que ainda está muito primitivo. As pessoas não funcionam quando os outros querem dominar a sua vontade, o seu direito natural, que é o de escolher e de fazer o que querem. Não adianta assustar, amedrontar os filhos:

— Eu ponho você na rua. Não dou mais dinheiro. Vou pôr você para trabalhar.

Essas ameaças só fazem com que a revolta cresça. E que o espírito viva à base do medo, em vez de viver à base do entendimento, da compreensão, do porquê das coisas. Se ele não está entendendo, você precisa criar uma situação para que ele possa descobrir; precisa dar responsabilidade para que possa sentir a experiência dele, para descobrir as verdades que vai ter que descobrir por si mesmo.

A gente quer salvar o outro, mas ninguém salva ninguém. Cada um tem que fazer o próprio salvamento, porque esse é o imperativo da vida. Se tiver jeito, a gente pode até ajudar bastante, mas se não tiver, só atrapalha.

Eu vejo que, às vezes, a pessoa que está me pedindo ajuda é a causadora do próprio distúrbio. É ela que causa o distúrbio no filho. A mulher que se queixa do marido é a que causa o distúrbio no marido. Que coisa, não? Sempre que há um queixoso, significa que ele está compromissado com aquilo que é o objeto da sua queixa. Porque é ele mesmo quem provoca aquilo na vida dele. Como a vida é, não? Não dá para escapar, não.

Tudo muda, até o passado em você

Por que você fica implicando com o mundo, com os outros? Será que não é porque você é implicante também? Com o que você implica? Com o trânsito que não anda, com os preços que não estão como você queria, com as pessoas que não fazem as coisas do jeito que você acha que tem que ser? E você, então, quer corrigir o mundo. Diz:

— Vamos fazer justiça, porque onde já se viu... Eu não admito.

— Não admite, mas está tendo que engolir. Você está engolindo, porque abriu a boca e a mosca entrou. Pense nisso.

Por que vocês fazem tanta cara de sério? Isso a gente aprende a fazer quando criança para imitar os pais. E assim, feito macaco, a gente vai aprendendo a macaquear os outros. Depois fica aí praguejando, fazendo cara feia para o mundo, para si próprio. Que palhaçada!

Quando vocês estão assim, os pensamentos vão ficando que nem pedra, cristalizados na aura. Um dia, vocês querem ficar à vontade e não conseguem, porque as pedras foram empedrando o seu corpo que nem banana empedrada. Depois, vocês querem rir, aproveitar o momento e ficam aí meio impossibilitados. Mas tem gente que gosta.

— Ah, tenho problema.

— Tem, porque procura. E quem procura sempre acha. Como o povo arruma problema onde não tem, gosta de dramatizar e de exagerar as coisas! Não tem o menor controle na cabeça. Mas, para a gente ter paz, precisa controlar a imaginação, minha filha. Você exagera, imagina demais. O futuro, então, nem se fala. Todo mundo vê o futuro negro. Mas, se pensar bem, tempos atrás, você imaginou o seu futuro cheio de porcaria. E, no fim, o futuro foi muito melhor do que você imaginou. A imaginação é uma coisa cruel, perigosa. É uma faca de dois gumes. Portanto, tome cuidado com a sua imaginação. Procure educá-la e dizer:

— Ah, eu já estou exagerando. Será que é mesmo assim? O quanto é mesmo, para ser justo e certo? Quanto foi ruim e quanto foi bom?

Quando você se pega achando uma pessoa muito maravilhosa ou julgando uma porcaria é porque já está exagerando. Todo mundo tem de tudo. Então, o melhor é dizer:

— Deixa eu ver outras coisas nessa pessoa.

No fundo, minha filha, você só vai enxergar a verdade no dia em que perceber que tudo está certo, que tudo é bom. Que a sua imaginação criativa é muito boa também, mas precisa ser moderada. Precisa usá-la no trabalho, no dia a dia, para enriquecer seu vocabulário, sua criatividade comunicativa, sua realização profissional, em busca da curiosidade, da leitura, fornecendo material para você viver de maneira mais plena e ficar mais feliz consigo mesma.

Você não acha importante ficar feliz consigo? Você já teve aquele dia em que deitou na cama e disse:

— Ah, como estou feliz de ser eu!

Ou teve mais daqueles:

— Ah, que bom que aconteceu essa coisinha na minha vida.

Mas é muita pobreza, minha filha. Você tem que experimentar ir mais longe, ficar feliz com tudo o que você fez de bom. Como a gente fica tão bem, tão corajoso, quando age assim. Nosso inconsciente descansa, porque como não está sendo constantemente instigado pela gente para fazer alguma coisa, ele pode descansar. Ele repara as energias e reequilibra você. É muito bom fazer esse exercício antes de dormir. E acordar dizendo:

— Hoje é mais um dia bom para mim. Mais um dia em que vou apreciar todos os meus talentos e gerar experiências que vão me dar sempre algo de bom. Hoje, vou tentar moderar a minha imaginação para eu não ficar inventando demais.

Cuidado, minha filha, quando for falar com a colega, porque você gosta de desempenhar um papel. Você fala, fala e conta, faz gestos. A gente sempre modifica um pouquinho do que era, porque quer contar de forma mais interessante, pôr mais emoção. Quer pegar o lado trágico e grifar, tornando-o mais evidente.

Então, você conta como sofreu, como se assustou, como foi terrível. E gosta tanto dessa história que conta para cada um que aparece. Fica uns 15 dias com o mesmo script e vai repetindo, como se fosse uma pequena peça teatral, dependendo do texto, da hora e do encontro. Se você está sentada com os colegas e estão todos atentos, o texto é mais caprichado:

— Ah, deixa eu contar o que me aconteceu...

Minha gente, isso é comum em todos nós. Mas se você começar a acreditar que foi mesmo assim, vai ficar louquinha, destrambelhada.

Toda vez que for contar a mesma história, você faz uma diferença, pois quem conta um conto aumenta um ponto. Não adianta. Por mais que queira ser fiel, você muda. Nunca conta da mesma maneira que viveu há um ano. Você já pensou nisso?

Se, hoje, você for contar a desgraça da sua infância, vai contar tão diferente que a história vai ser outra. Vai refazer seu passado, baseada nos fragmentos das suas lembranças. Assim, ele já não é mais o mesmo, porque mudou dentro de você. O passado também muda dentro de nós, porque o ato realizado foi o ato realizado.

Você acaba um namoro e conta os seus motivos. Daqui a 10 anos, é outra história; daqui a 40 anos, a história é outra. Daqui a 60 anos você vai lembrar desse namoro e vai ver o que aconteceu de forma tão diferente que não é mais a mesma história. O passado muda para você, porque você muda.

Nada no universo é constante. Tudo é mutação e você é o centro dessa mutação. Então, vamos recontar o passado de uma maneira bonita. Vamos ver que toda dor no passado foi para você aprender, para chamar a atenção, para fortificar, desafiar, excitar, fazer com que você se movesse para cá e para lá e desenvolvesse seus potenciais. Eu prefiro ver assim. Já que vai mudar de qualquer jeito, por que não mudar do jeito que eu quero? Mude, então, do jeito que você quiser.

O bom humor é espiritual

Por que será que o povo pensa que Cristo nunca sorriu? Se Ele não soubesse rir, se não tivesse humor, não seria um homem cheio de beleza, cheio de conhecimento, espiritualizado, porque a espiritualidade é muito alegre. Deus é muito alegre e, por isso, todos os Seus filhos têm dentro de si a alegria.

Claro que há pessoas que são exageradas e, às vezes, passam dos limites. Mas isso não quer dizer que não exista a alegria saudável, aquela alegria bem colocada, no seu ritmo, com vibração, com entusiasmo. Isso é uma beleza! Há até gente que diz que, quando estamos sorrindo, estamos possuídos por Deus.

Tem coisa mais bonita que um sorriso? Você acha o canto da boca caído bonito? Cara de dolorosa, com os olhos cheios de lágrimas, cheio de olheiras, pessoa toda franzida, isso é bonito? É bonito, nada. Deus só gosta do bonito.

Quando você sorri não vem para fora o calor humano, o amor, não vem para fora o mais bonito de cada pessoa? Uai, o humor, a alegria são a revelação dos dons divinos no homem. Não tem coisa mais espiritual do que quando estamos contando uma piada, dando gargalhada. Faz bem para qualquer um.

138

A gente já sabe que uma pessoa é boa quando ela tem bom humor. Toda pessoa boa, interessante, inteligente de verdade é pessoa simples e, ao mesmo tempo, tem bom humor. Isso é uma característica do equilíbrio humano, das melhores cabeças. Você pega os cientistas, os grandes homens, eles tinham bom humor. É que fazem os retratos deles com cara ruim, carrancuda, para dizer que eles eram sérios, importantes. Mas isso não era a verdade deles.

Só não ri mesmo a pessoa atrasada, que vive de cara fechada, a pessoa complicada, mal resolvida, mal evoluída, porque ainda está num estágio em que não conhece as verdades eternas. Mas quem conhece só pode ficar feliz, só pode rir. Tem que estar com o coração rindo, com a barriga rindo.

Parábola dos Talentos

Diante da facilidade, ninguém aprende nada. É no desafio que a gente tem que mostrar capacidade para enfrentar a situação. E, se não mostrar, você sucumbe, como ainda sucumbe diante das suas desilusões.

Força você tem, porque Deus lhe deu, mas qualquer coisinha já faz você desistir. Fica irritada, não aguenta mais, reclama que ninguém a ajuda em nada, que tudo é difícil. Mas é você que não persiste.

Qualquer um que fale mal de você, já fica brava. Qualquer coisa que não saia do seu jeito, já fica nervosa, vai brigando. Assim, você não vai a lugar nenhum, minha filha. Enquanto não superar as suas dificuldades, vai continuar tendo que enfrentá-las. Até o dia em que superar; aí então você vai ter, por mérito, tudo o que lhe pertence.

Lembra da Parábola dos Talentos? Deus só deixou entrar no céu aquele que multiplicou os dinheiros e aquele que tentou, arriscou e não conseguiu porque era meio burro. Também esse Deus protegeu. Mas, e aquele que ficou mesquinho e enterrou os talentos para não ter problema? Uai, Deus ficou bravo. Falou:

— Você aqui não entra, não. Pode passar para o lado esquerdo, porque o direito, você não pega.

Jesus está mostrando, com essa parábola, que você é uma pessoa talentosa, criada com muito capricho, porque Deus deu moeda igual para todo mundo.

— O que você fez com a sua moeda? Está brigando com o povo, é? Você quer briga?

— Eu preciso me impor, senão as pessoas não me respeitam.

— Uai, minha filha, por que você acha que brigar e gritar traz respeito? Para mim, só traz mais desrespeito.

Vou dizer uma coisa: Deus é muito bom. Tudo o que a gente faz, Ele paga direitinho. Não atrasa, não põe o dinheiro no banco para ver se rende juros. Ele paga na hora certa. E costuma ser generoso no pagamento. Paga muito bem.

Pagar a você é pagar a Ele mesmo, à Obra Dele, então, Ele é generoso consigo mesmo. Mas não é desmedido, não nos enche com uma abundância que nos faça mal. Ele é bom, mas não é burro. É um patrão inteligente. Você não engana Deus.

— Ah, eu fui boa. Eu fiz tanta coisa na vida!

— Mas, na verdade, você não fez nada para mudar por dentro. Deus põe os seus ouros na balança e se não pesar nada, você vai para a esquerda. Você só engana a si mesma, porque Deus, você não engana. A vida, você não engana.

Se é bom, é meu

Tudo é muito simples na vida. É o que é. Vocês ficam querendo mudar as coisas, mas não tem nada que mudar e, sim, que deixar a vida correr. Há algum tempo, aprendi uma coisa muito importante. Digo assim:

— É bom, é meu. Não é bom, não é meu.

— Ah, estou sentindo uma tristeza.

— Não é bom? Então, não é meu. Deve ser de alguém, de alguma entidade, pois eu não gosto de tristeza. Eu sou alegre.

— Ah, tenho carência afetiva.

— Eu não tenho carência de nada. Deve ser de alguém. Não é meu. Sai daqui demônio. Não quero isso.

— Ah, tenho pensamento ruim.

— Eu não estou pensando nada ruim. Deve ser de alguém e as minhas antenas captaram. Já sei que é dos outros.

— Assim, vou aprendendo a separar as coisas.

Cada um tem o direito de ver a vida como quer. Se a pessoa gosta de se queixar, de falar mal dos outros, de achar tudo ruim na vida, de meter o pau na sociedade, ela tem o que ela quer. Eu não entro nisso. Para mim, está tudo bom. Morreu? Morreu, enterrou. Foi embora? Ah, foi embora, foi.

142

Caiu? Quem cai levanta e vai andando. É tudo muito simples. Eu não vou amolar a minha vida com essas bobagens.

Vocês ficam atrás da vida dos parentes. O que tem de gente pamonha! Todos perturbados, complicados e doentes por causa dos outros. Vocês se infernizam por causa dos outros. Mas é tão bom ser simples. Ah, deixa falar. Eu faço as coisas do meu jeito. Eu quero muito aproveitar a minha vida. Está tudo bom, porque, se é ruim, não é meu. Ruim é dos outros. Bom é meu.

— Você acha, Calunga, que agora vou ser uma pessoa irresponsável, que vai deixar todos os problemas de lado?

Uai, não dá para resolver mesmo! Por que você fica se amolando com isso? Caiu, levanta. Aí, já resolveu. Se não dá para resolver é porque não é seu. Você já tentou mudar? Se fosse seu, você já teria mudado. O que é da gente, muda fácil, se quiser mesmo. Faça o teste. Jogue fora. Se melhorou, é porque não era seu. Não fique pelejando com as coisas.

Aproveite a vida. Tem tanta coisa para fazer: construir, viajar, passear. Quanta coisa boa! Uma boa prosa. Quantos livros para aprender de tudo. Que vida rica! Não vejo a hora de reencarnar de novo. Quando chegar a minha hora, eu vou correndo para tudo o que eu tenho direito.

Se você tiver algum problema, então, negue:

— Eu não tenho problema. Isso deve ser de alguém.

— Calunga, estou preocupado com o desemprego.

A falta de emprego é devido à crença na falta. Se você achar que não tem problema nenhum, ele desaparece, porque o problema é criado pela nossa mente. Então, diga:

— Eu, não, estou muito bem aqui. As coisas estão indo.

— Mas eu não estou seguro.

Se foi Deus Quem enfiou você nessa encrenca, então é Ele que vai resolver. Por que você não senta na almofada e relaxa? Diga:

— Eu estou bem. Não vou me aborrecer. Vou aproveitar o que eu tenho. Não vou me abalar, porque o abalo perturba as energias criadoras que estão realizando o meu futuro.

A insegurança estabelece uma fragilidade no poder de reação divina em nossas vidas. A vida flui segundo a nossa confiança, e não conforme a nossa desconfiança. A vida flui pela nossa segurança e não pela nossa insegurança. As energias divinas realizadoras que promovem a nossa vida, nosso conforto, as oportunidades de crescimento, de aprendizagem, de desenvolvimento dos potenciais precisam, para funcionar, que nós, em nosso arbítrio, venhamos a optar pela nossa segurança. Portanto, fique seguro.

— Mas como eu posso estar seguro com esses problemas na minha casa? É isso que falta, é aquilo... Estou preocupado com a minha irmã e vou falar com o Calunga.

— Está vendo como você procura problema? Ela não tem boca? Então, não precisa da sua boca para falar. Quem tem que querer ficar boa é a própria pessoa. O que você tem com isso?

É preciso ser esperto, astuto com as pessoas que querem usar e manipular a gente para fazer de gato e sapato. Separou? Que se vire. Ou, então, não separe.

Se você visse como tudo é tão fácil! Nada neste mundo é difícil. Eu sei que isso é um escândalo. Mas é a pura verdade. É você que está aí hipnotizado e não percebe. Vêm as correntes contrárias, negue:

— Isso não é comigo, não.

— Vem um pensamento negativo, diga:

— Se é ruim, não é meu.

Só o bom é meu. Só tem valor o que é bom. Só tem importância o que é bom. Tudo o que é bom é meu. Está escolhido. Eu sou bom, sou perfeito. Só tem coisa bonita na vida. O que é feio, eu nem olho.

Eu sou assim, não vou atrasar a minha evolução, deixar de aproveitar a minha vida por causa dos outros. Quem quiser pegar a rabeira, que pegue. Quem quiser ficar para trás, que fique.

O mundo está muito carente de gente despachada, de gente positiva, que não fica chorando e se lamentando com piedade disso, piedade daquilo, mas de gente que está fazendo acontecer, que está criando trabalho para os outros, gente que vai tocando para a frente, porque enquanto está mantendo a firmeza, está mantendo as oportunidades. Gente assim cresce e abre a porta para muitas outras.

Agora, vocês que param no meio do caminho, na lamentação, e veem problema em tudo, são uns pesos. Com o pretexto de ajudar, deixam de produzir em benefício da coletividade. Então, é melhor mesmo a pessoa despachada. Essa cresce, é próspera e vai em frente, porque não vê problema nenhum.

Só dá para ser pessoal com você mesmo

A gente vai trabalhando com o povo, tentando ajudar as pessoas a se libertarem dos problemas, e vai percebendo que quem tem pele grossa não tem problema. Será que você criou uma pele psicológica, uma casca dura, ou sua pele continua fininha? A vida de quem tem pele grossa é uma maravilha. Mas quem tem pele fina vive na atormentação, na perturbação, na confusão.

Gente de pele fina absorve tudo o que acontece em volta dela. Tudo o que o outro faz é como se fizesse dentro dela. Se a pessoa é criticada ou ouve um parecer ignorante, ela já quer argumentar. Se alguém cobra algo dela, ela já acha que tem que dar satisfação. Vive preocupada com o que as pessoas pensam, com o que elas fazem. Morre de medo dos outros, porque tem pele fina e se mistura com todo mundo.

Quem tem pele grossa escuta os outros, mas sabe que tem uma pele que o protege. Essa pessoa está bem atenta. Os outros podem falar e fazer acontecer, que de fora para dentro nada penetra. De dentro para fora, sim. Como a pele é grossa mesmo, só passa o que ela conscientemente permite, pois a sua pele é bem seletiva.

Se você não tem pele grossa, precisa engrossar! Caso contrário, não vai conseguir viver bem nesse mundo. Pois o povo fica olhando com olho-gordo, se mete na vida dos outros, acha que é justiceiro e se vê no direito de salvar todo mundo.

Para engrossar a pele, você precisa mudar o seu modo de pensar, seu modo de ser. Precisa aprender a diferença entre ser pessoal e ser impessoal. As pessoas de pele fina pensam que ser impessoal é ser uma pessoa muito fria, egoísta, que não percebe a necessidade dos outros. Ser impessoal, então, é visto como algo ruim.

Essas pessoas acham que têm que ter compaixão e piedade pelo sofrimento alheio e fazer tudo para ajudar os outros. Pode ser muito bonita essa intenção, mas para poder entrar em certas situações, a gente precisa ter pele grossa. Caso contrário, sai levando a pior.

Ajudar os outros é só para quem tem pele grossa, para quem não se contagia com a sujeira e com a lama, porque está bem protegido. Há serviços que a gente precisa ter pele grossa e proteção para poder fazer. E isso vocês não querem ver. Querem seguir os impulsos sem olhar as condições verdadeiras da possibilidade de ajuda.

Gente de pele fina acha que tem que ser responsável pelo sentimento do outro. Tem muito medo dos comentários, pois dá muita importância aos outros e pouca para si mesmo. Não respeita a sua vontade e também não sente seu limite. E por isso mesmo vive frustrado, se sentindo rebaixado e depreciado. Portanto:

Só é seguro ser pessoal consigo.

Com os outros, só impessoal.

Quando alguém me conta um problema, ouço de forma impessoal o ser humano que está dentro da sua evolução, o qual eu respeito, mas não tenho nada com isso. Pode berrar, chorar, que eu assisto com a mesma calma. Só vou fazer alguma coisa para ele de acordo com o meu coração, com o que eu tenho para dar: um conhecimento, uma energia de cura, uma experiência. Vou dar, porque o meu coração quer, e não porque a pessoa precisa. A necessidade dela é dela. A mim, cabem as minhas necessidades.

Eu não faço o que você quer que eu faça e não adianta o tamanho do seu problema ou as suas razões. Só faço o que o meu coração quer e entre o meu coração e você tem uma pele bem grossa. É assim que eu vivo em paz comigo. E, por estar assim protegido, posso ajudar muito mais do que conseguiria se assim não fosse. Se eu tivesse pele fina, poderia muito pouco.

Se você tem a ambição, no coração, de realmente ser uma pessoa boa e útil, precisa engrossar a pele. Você tem que ser impessoal: com os filhos, com o marido, com os parentes.

— Mas, Calunga, onde entra a intimidade?

Intimidade não é promiscuidade. Promiscuidade é mistura, é não saber mais onde começa um e onde termina o outro. É a gente se perder na loucura dos outros e os outros na nossa. É dor e é sofrimento. Já a intimidade é a revelação da sua essência com sinceridade.

Eu posso ser íntimo de todos vocês, mesmo não os conhecendo, quando a minha manifestação de comportamento é sincera e verdadeira. Posso ser sincero e verdadeiro, porque tenho pele grossa. A energia que você vai me mandar não pega, não passa, senão quando eu quero, porque a minha pele é grossa. Eu estou protegido na minha atitude interior. Por isso, posso ser muito mais íntimo que você.

Quem tem pele fina tem que se esconder, que mentir, que disfarçar, tem que lutar para se defender das pessoas e do mal que há à sua volta. Eu não luto contra o mal. Eu não

148

preciso me defender porque nada me atinge. A minha pele é grossa. Eu sou impessoal com qualquer pessoa, mesmo com aquelas que participam da minha vida. Mesmo na troca afetiva, sai de mim muita coisa. O que se passa entre mim e esta criatura que eu gosto, tem a minha pele a selecionar e a reconhecer claramente que não vou me responsabilizar pela vida dela.

A pele grossa é o que me torna possível permanecer ao lado de uma pessoa muito doente, muito queixosa, muito ruim. Eu fico e ela não me abala, não me influencia. Eu sei que tudo isso é dela, que não é nada pessoal. Eu não ponho o pessoal, porque não acredito em ser pessoal com ninguém. Ao contrário, continuo me comportando do meu jeito.

Você diz uma palavra de carinho e, se a pessoa recebe aquilo mal, você já fica brava, ofendida, machucada. Você é sensível mesmo, porque não tem pele grossa. Você é frágil e não presta para nada. Qualquer coisa já fica nervosa, já fica com medo. Tem uma porcaria de pele, cheia de buraco.

Vamos rever esse conceito de ser pessoal. Pessoal é assumir as suas necessidades, os seus dons, as suas vontades, o seu amor, o seu sentimento. Você é pessoal com você. O outro é pessoal com ele. Entre vocês, vão ser impessoais. Vai haver a doação, a contribuição, o respeito a si e ao próximo, mas de maneira impessoal. Enquanto não rever o seu conceito do que é ser bom, do que é amar, você vai sofrer. Se você cria uma pele grossa, tudo fica protegido: a sua casa, o seu carro, os seus negócios. Se você tem pele fina, está tudo em perigo. Por isso, aprenda a ser impessoal.

O pobre de mim

Quanta gente sofre sem necessidade. Sabe qual o maior problema do pobre de mim? Quando você diz:

— Sou coitado. Eu não tenho poder, eu não tenho jeito, eu não tenho, eu não tenho...

Você fecha interiormente as portas dos recursos que estão no inconsciente e que deveriam emergir nesse momento. Em vez de dar força e trazer para fora o poder, a criação, a cura, a solução, você acaba fechando e ficando naquela posição miserável, dando cada vez mais passagem para aquilo que o está atormentando, que está lhe fazendo mal.

A gente tem que parar com esse vício. Você já viu alguém com o pobre de mim resolver algum problema, sair de uma situação feia para outra melhor? Eu nunca vi. Mas a gente sempre se acha no direito de dizer:

— Ah, porque coitado de mim, só eu que faço tudo, só eu que sou assim...

Cai no pobre de mim, que é a mesma coisa que o desespero. Tem gente que gosta de ficar desesperada. Qualquer coisa já faz um escândalo.

150

Há pessoas que agem sem pensar e sem observar a vida. Estão errando e estão fechando os olhos. E, quando se veem num beco sem saída, fazem escândalo como se isso fosse consertar a vida delas. Mas como a vida é eterna, se mate ou não, tudo continua, até para pior.

Por que você não vira uma pessoa inteligente de uma hora para outra? Use a inteligência que Deus lhe deu. Diga:

— Que desespero que nada! Nada merece tanta atenção assim. Nada merece estragar as outras coisas da minha vida. Se uma coisa não está bem, o resto pode estar. Eu não sou coitado. Sou uma fonte de poder e de conhecimento. Tudo dá muito certo na minha vida. Tudo está a meu favor. Está tudo bom — eu grito. Aí vai ficando bom mesmo, porque a gente puxa as forças positivas.

Você vai viver do que plantou

O que para vocês muitas vezes parece terrível é consentido por Deus. Algumas pessoas costumam dizer:

— Que Deus é esse que deixa as crianças abandonadas pelas ruas? Por que tanta miséria? Só os poderosos e desonestos progridem, enquanto o povo fica na miséria, no sofrimento. Que justiça é essa que permite que o trabalhador viva sem ter o que comer?

E por aí vai a revolta. Eu não tenho nem gabarito para condenar uma pessoa revoltada. Eu entendo que ela esteja vendo o sofrimento, o abuso e a ignorância e se sinta mal com tudo isso. Mas é preciso observar a natureza para entender as suas leis.

A gente pergunta por que Deus não faz, se tem tantas condições para melhorar... Primeiro, preciso dizer que o ser humano se incomoda muito com as coisas ruins, porque queria que o mundo ficasse bom para ficar mais fácil para ele. Isso é egoísmo e o egoísmo não resolve nada. A compreensão de que a modificação do ambiente é a modificação do bem geral nasce do coração, das coisas mais profundas.

Quando a natureza quer, ela faz com que uma semente, que viveu milhões e milhões de anos sem fecundar, caia no solo fértil. Aí, ela é inchada, arrebentada, modificada de tal sorte que, em poucas semanas, ela se torna uma planta.

Com o homem também é assim. Ele é uma semente que precisa ser jogada no mundo para ser estimulada e transformada para cumprir sua função. Você também é uma planta em crescimento que precisa do sofrimento como estimulação.

As situações que, para nós, parecem dolorosas só ocorrem quando a pessoa tem necessidade de estimulação, de mudança, de despertar as potencialidades que ela traz como sementes divinas. Por isso, o sofrimento ainda é uma necessidade humana, da própria natureza, de transformar o indivíduo. E, à medida que ele vai se transformando, seu sentimento vai mudando, vai mudando o seu pensamento.

Cada vez mais, a inteligência do homem é chamada a participar, evitando assim seu sofrimento e facilitando o desenvolvimento de todos. E todos nós já temos uma boa dose de inteligência, mas ainda há muito trabalho a fazer.

A revolta, portanto, não vai mudar o ser humano, nem a sua necessidade de passar pelas experiências que forem necessárias para o seu desenvolvimento. A revolta só vai fazer, em meio à tragédia, vir mais dor. Se você está revoltado, procure envolver-se em movimentos de renovação, de alfabetização, de modificação das ideias, porque ainda temos uma moral que submete a maioria a leis falsas. O egoísmo humano faz da lei um processo moroso, difícil, faz do governo uma grande confusão, porque o povo é muito indisciplinado.

A natureza do povo ainda é muito revoltada, muito rebelde. Pacífica, mas rebelde. O povo não quer a disciplina, a responsabilidade, porque ainda se encontra em um estágio infantil. A consequência é a confusão, a dificuldade. Ninguém entende por que um país tão rico está assim, mas é devido à maturidade do povo, que vai sendo adquirida aos poucos.

O dinheiro ou a falta dele são a grande disciplina da organização da sua vida. Pois se você tem pouco dinheiro, precisa se organizar, senão vai sofrer. Quem passa dificuldade econômica está, então, aprendendo a lidar com o dinheiro, com a economia, com o valor do trabalho.

Se ficar desempregado ou sem trabalho, você vai começar a respeitar a chance que a natureza lhe deu de estar num emprego. E no emprego, você vai reconhecer que se não se esforçar e não desenvolver seus potenciais, não mostrar serviço, vai ficar sem emprego e inseguro.

Quantos desempregados neste país! São pessoas que estão sendo chamadas a reavaliar a condição de trabalho, o que é trabalhar, se empenhar, pois você tem no trabalho um compromisso consigo mesmo, com seus potenciais, de se empenhar, de se desenvolver e de fazer o seu melhor. E ainda de se colocar diante da sociedade, procurando o melhor da sociedade e não apenas o seu melhor. Se não der à sociedade algo em troca, você não tem direito à melhoria.

Você precisa ser um empregado melhor para exigir uma condição social melhor, um salário melhor, uma condição de respeito melhor. O respeito é imposto aos outros quando nós nos respeitamos. E nos respeitar é amadurecer no reconhecimento da responsabilidade que temos diante de nossas próprias capacidades, que exigem de nós o empenho, o estudo, a prática para nos desenvolvermos. Tudo isso é o que a espiritualidade quer trazer para vocês.

O mérito só é válido quando há o seu esforço, seu comprometimento consigo mesmo. A vida o está chamando. Estimule-se com a inteligência, busque conhecer tudo, saber de tudo, não se faça de cansado, de revoltado. Não destrua se não souber construir no lugar algo melhor. Essa é a nossa mensagem. É o estado de evolução que a gente quer, aos poucos, influenciar vocês para terem a coragem de levar em frente, amadurecendo em cada um a noção de princípios mais amplos para colher os frutos que você plantou. Ninguém vai colher se não plantar. A gente vai viver do que plantou.

Vamos acordar para isso, minha gente. Você fica esperando o governo. Mas o governo é você.

É você que governa a sua vida

dentro da evolução.

Você é o capitão

do barco do seu destino.

Tudo é muito fácil

Se a sua situação financeira está difícil é porque você é uma pessoa difícil. Não tem nem dúvida. Por que será que você é difícil? Por que será que precisa ser tão pequeno, lutar tanto para conseguir as coisas? Por que será que tem que ter tantos empecilhos na sua vida?

As pessoas gostam de receber afeto e consideração dos outros se colocando na situação de vítima. Será que esse não é o seu caso? Então, os outros correm de cá, correm de lá afetivamente e você fica só no sofrimento bobo, em troca de um amor que não é nem amor. É piedade. Piedade não serve para nada. Só cega, mima e nos tira da consciência do nosso poder de realização.

Você é uma pessoa que tem dentro de si todos os poderes. A vida precisa se expandir através de você porque, como qualquer outra pessoa, você é uma porta de realização do inconsciente, das forças divinas que se realizam através de você. O universo todinho trabalha a seu favor.

Mas dentro de você existem pensamentos, atitudes e crenças muito pobres. Crenças de dificuldade, crenças de empecilho. Essas crenças dizem respeito à ilusão que você tem sobre si mesmo, à ilusão que tem da vida.

Você precisa compreender que tudo é muito fácil. Tem gente que ganha dinheiro feito água, tem gente que sobe na carreira muito facilmente. Quando está difícil, vamos então parar e examinar se, dentro de nós, não estamos dificultando, se não estamos nos forçando a ir por um caminho que não é o nosso.

Vamos pedir a Deus e às forças inconscientes que nos esclareçam, seja por meio de uma conversa, de um curso ou de um livro, que nos inspirem a ver aquilo que, em nossa vida, não está sendo feito direito.

Como Deus pode se realizar só através de você, Ele vai fazer de tudo para lhe mostrar. Esse grande poder, essa grande força precisa de você, porque criou você. Portanto, todos os esforços serão para que você mude.

Coopere com Deus. Dê a Deus a chance de estar em sua vida. Entregue-se a Ele. Compreenda que você não vai a lugar nenhum sozinha. Que o fundo, o fundo seu é Ele. Ele e você trabalham para um benefício só. O seu benefício e a sua felicidade vão ser sempre o benefício e a felicidade de muitos: seja para aqueles a quem você presta serviços, seja para aqueles que dependem de você.

Todo mundo precisa do sucesso de todo mundo dentro da sociedade. Então, vamos abrir as nossas mentes para uma nova ideia do dinheiro, para uma nova ideia do progresso, compreendendo que, se existe algum empecilho, somos nós, na nossa ignorância, que o estamos criando. Por isso, não se defenda. Deixe que Deus defenda você.

157

Vida é transformação

Amor e compreensão verdadeiros só podem vir de nós mesmos. O que ganhamos das pessoas em volta de nós é relativo e nem sempre é suficiente.

Aprendamos, portanto, a conviver pelas trocas. Tenhamos a clareza de saber o que queremos da pessoa para dizer a ela o que temos para oferecer em troca. E que essa troca seja feita num regime de respeito, deixando tudo muito claro. Mas vocês fazem casamentos e uniões supondo que têm que ser assim ou assado.

De tempos em tempos, o contrato de troca precisa ser revisto. É assim também com as amizades. Por isso, vamos saber modernizar o nosso contrato. Vamos ter um diálogo aberto. Vamos também compreender os destinos de cada um.

Somos companheiros de jornada, somos companheiros de reencarne. Estamos aqui para dar um pouco de nós, para apoiar os outros e para receber também um pouco de apoio. Um pouco. Somos só companhias.

Temos que compreender que, às vezes, os roteiros são diferentes, e os caminhos também são diferentes. O caminho tem curvas e vamos fazê-las com dignidade, porque nada tem fim. Tudo continua em um certo plano. Você nunca vai deixar tudo se acabar. O que se viveu, viveu. Mas o contato que se fez é eterno.

Os caminhos tomam curvas que trazem novas emoções e novos aspectos, que renovam. Vamos saber, então, renovar. Não aceite o fim de nada. Mesmo que haja um afastamento, mesmo que vocês façam curvas para lados opostos da estrada, ainda assim permanecem a ligação benéfica, as experiências e o que de bom existiu. E as coisas ruins que deram a nós condições de desenvolvimento.

Estamos conectados com todos diante de Deus. Mas, na independência do nosso caminho, temos que aprender a fazer as curvas com dignidade, com respeito por nós e pelos outros, ajudando-os a fazer a curva deles, compreendendo que tudo é passageiro, que a estrada não vai só reta e que, de ponto em ponto, ela faz grandes ou pequenas curvas. Vamos respeitar o caminho para que ele seja sempre uma coisa boa e não motivo de choradeira, de desespero e de perdição.

Se você olha a vida do ponto de vista do materialismo, tudo parece ruir. Mas se compreende a eternidade, sabendo que estamos em um processo de evolução, você verá que as transformações são naturais. Vai ter paz de espírito para poder fazer as transformações pelas quais todo mundo passa e que todo mundo passará. Nós nos transformamos quando morremos, quando nos separamos, quando nos reencontramos, nós nos transformamos quando nos ofendemos, quando nos machucamos. Enfim, nós nos transformamos de todas as maneiras.

A vida é transformação, e ninguém foge a isso. Portanto, se não podemos fugir, aprendamos a conviver em paz com tudo isso, para que o nosso caminho, cada vez mais, possa ser interessante e proveitoso.

O compromisso com a sua verdade interior

A vida é sempre uma surpresa. A gente pensa que ela vai para um lado, mas vai para outro. Pensa que vai dar de um jeito, e dá de outro. Ainda bem que a vida é eterna e que vai se revelando, aos poucos, aos nossos olhos. E, assim, ela vai se tornando consciência, devagarinho.

A proposta da vida é igual para todos, embora os caminhos sejam diferentes e a lição seja diferente de um para outro. Em cada um, a vida se cria e se recria constantemente. A gente pensa que pode se comparar ao outro, mas você não é comparável a ninguém em momento algum. Você é único. Como é difícil compreender isso, porque a gente tem o anseio de ser igual a todo mundo, de ter os mesmos direitos, de ter a mesma felicidade, de gozar das mesmas coisas, de conquistar o mesmo lugar ao sol.

A vida, no entanto, é diferente em cada um. Cada um aprende na sua hora, segue o seu caminho, a sua cruzada em busca da libertação, da paz interior, da realização. Compreender que cada um é único e original é muito

160

importante para pararmos de nos comparar e de querer certas coisas que, às vezes, nem são para nós.

Queremos saber do futuro, queremos ver no tarô, nas runas, na borra do café, do chá, mas não tem jeito. Às vezes, até conseguimos perceber as linhas de forças do destino, e uma boa leitora consegue ver as tendências do nosso futuro e o que está prestes a acontecer. Pois essa é uma capacidade humana, que qualquer um tem. Mesmo assim, as coisas sempre se revelam diferentes. E, por mais que tenhamos uma pista do futuro, ainda assim, não podemos imaginá-lo completamente, nem as surpresas que vamos ter, nem o que vamos sentir. Gostamos de dizer:

— Vou ficar tão feliz se isso acontecer!

— Mas, quando acontece, nem sempre ficamos tão felizes assim. Às vezes, ficamos até mais do que esperávamos ou menos do que imaginávamos.

A vida é mesmo um mistério. E é preciso compreender esse mistério. A vida é assim porque ela gosta de ser assim e não tem jeito de mudá-la. Somos nós que vamos compreendendo o jogo dela. Vamos compreendendo a lição do dia, que verdade ela está nos obrigando a praticar.

Quando você prega algo, a vida está escutando o que você fala, mas será que você está vivendo aquilo que prega? Logo em seguida, vem o que chamamos de desafio da vida, que nada mais é do que a execução do Bem Maior. Se você não está praticando, a vida cobra, pois ela não deixa passar nada. Ninguém engana a vida.

Se uma verdade toca o seu coração, a vida assume aquilo como uma verdade sua e vai pelejar para que você a ponha em prática. E, ai de você se não fizer o que prega, porque a vida vai cobrar. Se tocou lá dentro, você assumiu um compromisso consigo mesmo, não é com Deus. E a vida procura fazer com que você integre à sua maneira de ser, ao seu inconsciente, ao seu comportamento e à sua personalidade aquilo que você acabou de entender.

161

A vida é mansa, se você também é manso com ela, se leva a sério a sua verdade. Então, ela é uma mãe boa e generosa. Se você age como um menino esquecido, rebelde e inconsequente, ela vai colocá-lo na linha. Aí, ela é brava. Caso contrário, ela vem com a lição, dando-lhe a oportunidade da prática. Ela vai, então, lhe trazendo o que você necessita para fluir bem.

Não há quem escape da lição. Pode ser Jesus Cristo, Buda, grandes vultos da humanidade que veneramos e respeitamos tanto. Também eles tiveram seus momentos de tentação, de queda, momentos de não corresponder ao que eles mesmos ensinavam, ao que conheciam. E sofreram as consequências dos seus atos.

Jesus pregava o amor em vez da agressão. Pregava o amor ao inimigo, que é a coisa mais difícil de se fazer até hoje. Pregava uma vida sem preconceitos, uma vida com tantos ensinamentos profundos, porque era um homem maravilhoso. Mas, no entanto, a sua parte de ser humano, às vezes, falava mais alto e Ele blasfemava:

— Bando de víboras, até quando vos aguentarei?

Não era isso que Ele falava? Estava com raiva, mesmo. Depois, na porta do templo, Ele ficou com o temperamento agressivo. Quando viu aqueles vendilhões, não suportou a hipocrisia da religião com relação às verdades de Deus que Ele tanto ensinava. Naquele momento, esqueceu as regras da benevolência e a capacidade que Ele tinha, em seu coração, de perdoar até uma prostituta e os seus próprios agressores. Ali, mostrou a sua indignação, brigando, chutando as bancas de mercadorias, fazendo aquele escândalo. Aquilo ficou célebre.

Então, chegou a hora dele. A vida disse:

— Você, um ser com o seu conhecimento e a sua hierarquia, com a sua responsabilidade diante dos homens, de si próprio, do Pai, não pode ser assim. Agora, você vai ser testado e provado na sua pacificação. Você contraiu uma dívida com o mundo muito grande e vai ter que provar a sua verdade, acima de qualquer dor.

A vida trouxe para Ele a via-crúcis e Jesus passou por aqueles momentos terríveis publicamente. Açoitado, Ele foi para a cruz. A família em desespero, os amigos, os fiéis que o amavam tanto e nele viam a luz da salvação e da rendenção do mundo o viram pregado naquela cruz, esvaindo--se em sangue, naquela crueldade humana, completamente entregue à sua passividade.

Ele continuava, no entanto, mais poderoso e mais forte do que nunca, mesmo quando renunciava ao mundo, porque tinha uma dívida consigo mesmo: ou Ele provava para si próprio que era o que Ele acreditava ou iria sucumbir completamente nas trevas.

Então, a vida pôs Jesus ali naquela via-crúcis, que apesar de rápida foi dolorosa e difícil. E na cruz, Ele perdoa os inimigos, naquele momento em que se viu ao lado dos marginais, pois percebeu que havia se comportado como um deles, completamente incoerente. Percebeu que, nele, Cristo tinha que vencer e que o homem terreno, pequeno e ignorante, voltado às ilusões do mundo, tinha que morrer ali. Então, Ele perdoa seus inimigos, no desespero de se perdoar. Ele se perdoa e aí vem a tempestade, a revelação.

Jesus deixa, naquele seu momento de decisão, um carma no mundo muito grande, um carma no sentido de uma egrégora de revelação, que é uma porta para todos aqueles que querem entrar no reino da paz. Planta assim, no Ocidente, a sua semente da paz no coração e aí, então, parte para o mundo que Lhe pertence. Volta depois, no meio dos apóstolos, completamente materializado, vivo, inteiro, para provar que a vida é eterna. Que Ele agora está pronto para prepará-los para saírem ao mundo, levando a sua semente para o Ocidente.

Representando as Forças Crísticas do Ocidente, Jesus, então, passa os dias materializado, transmitindo o resto da revelação. Ele tinha provado a si mesmo e ao mundo que a paz, a compreensão e a responsabilidade que o homem tem diante da sua verdade interior, da sua filosofia, devia estar acima de tudo. Ninguém poderá viver bem se não viver toda a verdade que há em si, segundo o seu grau de conhecimento.

Ninguém pede que você seja um Cristo, mas você tem seu conhecimento, sua verdade interior, seu grau de compreensão, seu grau de talento desenvolvido. Nesse compromisso, você está afiado como qualquer outro e não tem volta. Espero que você não tenha que passar pelas torturas das provas da sua própria ignorância para que aprenda, legitimamente na vivência, a pôr em execução as verdades que você abraçou.

Você, que fala de paz, de um mundo melhor, fique ciente de que isso só é possível se você praticar o seu melhor no mundo. Os outros não são, para nós, o referencial. Se ninguém está praticando, você não tem nada a ver com isso. Seu compromisso é com a vida. É com a sua verdade.

O fluxo do dar e receber

A troca é uma coisa honesta, legítima. Vocês, no entanto, valorizam muito o dar sem pensar em receber nada em troca.

— Eu dei de coração, dei por amor — costumam dizer.

— Aquela pessoa faz tanta caridade. Dá tudo de graça.

A gente acha isso bonito, mas, aqui no astral, não é assim, não. É tudo feito à base de troca. Começa que Deus não dá nada de graça. Para tudo o que dá, Ele cobra o seu esforço em aprender, o seu empenho. E se Deus der, ai de você se não usar ou, ainda, se não souber usar direito, pois vai se machucar. Quem ganha tem que aprender a usar e a ser responsável por tudo aquilo que ganhou.

A natureza exige que você retribua. Por isso, nada é de graça neste mundo. Trocar é a palavra ideal. Ou será que você é aleijado para receber tudo de graça?

— Ah, eu quero. Deus, me ajude! Calunga, me ajude!

— Por que eu vou ajudar você de graça? O que você vai dar em troca? Vai ser melhor que os outros, pelo menos?

Vocês pedem, pedem de boca aberta, feito bebê que vai mamar.

— Em troca, não dão nada, não? Não vão fazer o bem para alguém? Quem recebe também tem que dar.

Não pensem que o compromisso com a vida é assim de graça. No mínimo, você tem que acreditar, ter fé. Se não pagar com a sua fé, não recebe de Deus nada. Deus exige:

— Só dou se você tiver fé. Se não tiver fé, não dou.

Ele não está pedindo dinheiro, mas está pedindo fé. Tudo tem troca.

— Então, eu também não ajudo se você não me der nada em troca. Se não me der o seu empenho em realizar a sua parte. Dinheiro não me interessa, porque defunto não pode gastar mesmo. Mas eu quero, pelo menos, a sua fé, o seu esforço interior. Alguma coisa tem que dar em troca.

A vida é uma troca constante. Recuse-se a aceitar de graça. Tudo o que você aceita de graça hoje, amanhã cobram e forçam você a pagar o que quiserem. Tome cuidado com a ajuda de graça, pois todo mundo tem algum interesse nisso.

Deus quer que a gente saiba trocar com respeito. Uma troca com respeito é uma troca consciente.

— Você vai me dar isso, eu vou lhe dar aquilo. Se está bom para você, está bom para mim. — Isso é muito justo. Dois seres humanos dignos.

O povo brasileiro perdeu a vergonha de pedir esmola. Todo mundo pede. Que coisa feia! No meu tempo, pedir as coisas para os outros era uma vergonha. Só mesmo em caso de grande necessidade e, assim mesmo, sempre oferecendo alguma coisa em troca. Mas vocês pedem tudo de graça! Quem ensinou isso a vocês?

A conta vem no final. Ah, vem! Deus vai dando, vai dando, e aí Ele vem com a conta:

— Vamos ver? Chegou a hora de pagar.

Não há quem não receba que não tenha conta para pagar. Não tem talento que você ganhe que, no final, não tenha que pagar. Vai ter que pagar de qualquer jeito. Se não for com dinheiro, vai pagar de outra forma.

A vida é assim: é uma constante troca. Na natureza, nada se perde, tudo se transforma. Tudo se compensa. Ninguém fica dando, dando, dando... e acabou. E o receber? E o produzir? E o devolver para que haja o fluxo de continuidade de bênçãos no universo. Existe um fluxo de bênçãos na vida. Quem recebe tem que retribuir de alguma maneira, senão o fluxo vai pressioná-lo:

— Você vai interromper a corrente de bênçãos divinas? Não, senhor. Agora, você vai dar, queira ou não.

Com a vida não se brinca. Ela é boa, mas quer as coisas direitinho. Malfeitas, não. Mas o povo rouba, abusa. Acha que está levando vantagem. Deixe! Eles vão ver a hora que a vida resolver cobrar:

— Agora, chegou a sua vez de ser roubado! Chegou a sua vez de pagar.

E paga mesmo, pois a vida cobra.

— Por que essas desgraças acontecem na minha vida? — pergunta a pessoa.

— A vida dá o troco. E a pessoa paga o mal que fez com o próprio mal.

Alguma coisa você tem que fazer em troca. A natureza deixou você ir até onde queria, permitiu, deu a você a chance. Você foi, mas não trocou. Foi desonesto. Agora, precisa acertar as contas com a sua consciência.

Não é que faz, paga.

Também não fazendo, você paga.

Tudo se paga.

A vida é um fluxo. Você tem que oferecer algo em troca. Mas não adianta oferecer sacrifício, pois isso não interessa.

— Ah, Deus, se você me arranjar emprego, vou cortar o cabelo. Vou levar vela para santo...

Vocês fazem promessa, mas isso não interessa. Ainda se dissessem:

— Vou levar uma comida para um pobre. De agora em diante, vou tolerar mais meus parentes...

Aí, sim, estariam fazendo um bem para si e para os outros. A natureza ficaria feliz.

— Ah, que bom! Eu dou um bem para essa pessoa e ela distribui. Então, deixa eu dar mais...

Vocês precisam também saber pagar a Deus. Vamos perdoar, porque Deus quer que vocês perdoem a todo mundo, porque todos são filhos de Deus. Vamos fazer alguma coisa boa? Se você recebe um bem, é porque você é bom. Então, Deus está até lhe devendo. É só pedir. Mas, às vezes, as pessoas boas nunca pedem. Elas acham que não precisam pedir, porque Deus sabe o que elas precisam.

Se você não pedir, Ele não faz, porque Deus gosta dos negócios limpos. Uai, ninguém vem entregar comida na sua casa se você não for comprar. Deus é a loja. Ele fica esperando você ir lá para pegar, senão Ele não vai à sua casa entregar. Você precisa chegar lá e dizer o que você quer. Deus é um armazém eterno. Tem de tudo, mas é você quem decide o que quer, o quanto quer e do jeito que quer. Deus não tem que ficar adivinhando. É você quem faz o pedido.

Às vezes, você pega a prenda e a reproduz pelo bem do povo. Então, já está pagando, porque já está distribuindo o bem. Portanto, você tem crédito. Pode voltar à loja de Deus e pedir mais. Mas quem pede, pede e não faz nada em troca fica com o crédito baixo.

Vamos pensar em dar? Você que está aí, dizendo que está carente, esquecida, abandonada, sofrida. Todo mundo, mesmo quem está em uma cama, pode dar uma palavra, dar sua paciência para os que estão em volta. Todo mundo tem sempre algo para dar.

Se você não entrar no fluxo do dar e do receber, você não vai ficar rica. E se enriquecer pelo roubo, enfraquece na saúde, na proteção espiritual. Daqui a pouquinho, estará obsediado, com o coração explodindo... A vida é assim: quem abusa de um lado paga do outro.

O sentido da vida

Tudo é tão temporário na vida! Tudo passa. Só você não é temporário, é eterno. Por isso, o que vale é a sua maneira de olhar a vida. Dependendo do que você pensa, a vida lhe parece um fardo ou uma luta, uma contrariedade ou uma coisa desafiante, prazerosa. Dependendo se você prefere olhar de um jeito ou de outro, a vida lhe parece isso ou aquilo.

A vida não tem sentido. Quem dá sentido à vida é você. Por isso, se achar que a sua vida é uma desgraça, você só vai acumular tragédias, problemas. Mas se achar que o sentido da vida é gozar e se divertir, então, você vai ter muito senso de humor. Se achar que o prazer da vida é a conquista, é namorar, sua vida é um divertimento. Para alguns, o sentido é construir. Constróem um apartamento, uma casa, uma empresa.

Há aquele que vê a vida como um professor, que quer ensinar todo mundo. Ele está sempre com o dedo em riste, corrigindo os outros. Vive brigando, porque acha que o mundo tem que melhorar. Para ele, a vida é uma verdadeira bagunça que ele veio consertar. Tem uns que são atrevidos, metidos, mas há também os bons. É o médico que quer consertar as doenças, o terapeuta que quer consertar a cabeça, o sacerdote que quer consertar a vida espiritual. Para cada um, a vida tem uma função.

— Ah, mas a vida é escola para todo mundo — as pessoas gostam de dizer.

Não é, não. Acho que a gente aprende muito na vida. Mas o sentido da vida quem dá é você. Para você, a vida é o quê? É uma escola?

Tem aqueles que vêm estudar línguas, filosofia. Pensam que o sentido da vida é a evolução espiritual. Há outros que acreditam que a vida é assumir o poder, o comando. Entram para a política, aprendem a subir na escala social, a ter destaque e a ser um homem importante, engravatado. Ficam com aquela pose de poder. Vão ser "militares".

Para outros, a vida é mesquinha. Acham que viver na sociedade não vale a pena. São revoltados. Vão viver na favela, na miséria, jogando fora as chances que eles não conseguem ver. A função da vida, para eles, é a miséria.

Cada um vê a vida como quer. E cada um escolhe o caminho que quer seguir. Se a pessoa acha que a vida é perigosa, que é um grande monstro do qual ela tem que se defender, então, vive com medo. É agressiva, cismada. Diz que tem problema psicológico e não que é covarde.

Na verdade, a vida é o que você quer que ela seja. Você vai seguir o caminho no qual se enfiou. Quer dizer, você não nasceu assim. Foi optando pelo que queria na vida. Por isso, você pode sair da sua prisão a hora que quiser.

Qual o sentido da vida? Não tem nenhum. A vida não serve para nada. Só serve mesmo para viver. Com tudo o que ela tem, porque já é rica. Para que ela quer sentido? Só procura filosofia quem está de barriga vazia. A vida está bem e, para ela, viver é viver.

É você, na cabeça, quem dá o sentido, a função da vida. Você faz o seu roteiro e o segue como se fosse Deus que assim o quisesse, como se fosse o universo que impusesse. Mas não é. Você está enganada, minha filha. Está enganado, companheiro. Não tem nenhuma imposição do universo ou da natureza para que a sua vida seja assim ou assado.

Nós que estamos do outro lado da vida, mais conscientes da imortalidade, podemos analisar melhor a vida de vocês e entender como as coisas funcionam. Graças a Deus, eu tenho uma certa consciência, pois há muita gente que morre e não percebe nada. Mas eu estou aprendendo, porque sempre gostei de ajudar os outros. Para mim, a vida é ajuda, é renovação, porque eu sou um guerreiro. Sou revolucionário. O significado que escolhi para mim é esse: renovação. É por isso que eu me dou bem com o meu menino, o Luiz, porque ele acredita na mesma coisa.

— Vamos reformar. Vamos começar de novo. Esses negócios velhos aí estão todos errados. Vamos fazer melhor.

Eu sou assim: um reformador. Para mim, a vida só tem sentido se for para reformar. Mas esse é o caminho que eu escolhi. Não é nem melhor nem pior que nenhum outro. Tem dor e tem prazer como qualquer caminho nesse mundo. É uma escolha, e estou consciente do que eu quero, pois no dia em que não quiser, vou embora.

— Calunga, como você é bom por querer fazer as coisas para os outros!

Eu faço isso porque é da minha natureza interior. Não tem mérito nenhum, senão o prazer de satisfazer às minhas próprias necessidades.

A gente precisa pensar bem se o caminho que escolheu está satisfazendo às nossas necessidades. Se a gente está conseguindo, de verdade, a satisfação interior. Pois de que vale a vida sem felicidade? Sem prazer?

Eu até aceito a dor. Até aceito que no meu caminho tenha algumas pedras e que, às vezes, eu me machuque. Mas se estou querendo tanto uma coisa, vou em frente assim mesmo. E estou sempre me satisfazendo, mesmo quando tem algum empecilho que me machuca. Acabo arranjando um jeito de passar por isso e depois esquecer rapidinho, para poder usufruir o prazer da minha conquista. Eu sou assim.

Mas tem gente que para no meio do caminho, para em cima da pedra, briga com a pedra, mas não larga a pedra. Fica carregando a pedra. Gosto de gente que está passeando na estrada, pula a pedra e vai embora. Nem olha para ela.

— Ah, mas você não acha que a gente vai ficar muito alienado? Que a gente tem que enfrentar a realidade da vida?

— A pedra está lá. Você pulou. Por que então precisa carregar a pedra?

— Calunga, o que você quer dizer com isso?

— Quero dizer que você carrega muita tragédia nas costas. Carrega o problema dos outros, o que não é seu. Você fica aí com uma vida de carregador de pedra. Mas se você gosta, está bom. Se você resolveu ser trágico, carregar os problemas e as dores porque isso lhe dá satisfação interior e se sente herói, se você gosta disso, tem direito.

Deus deu a todos o direito de escolher do que gosta e o que quer fazer na vida.

Tem muita gente que gosta de levar pedrada porque, senão, não tem história para contar. Gosta de ser aquela pessoa maravilhosa, que ajuda todo mundo e que os outros atiram pedra, porque assim ela se sente a mártir. A gente gosta de ser mártir para se livrar do sentimento de que é uma porcaria.

— Eu me sacrifiquei pelos outros e olha o que recebi em troca. Olha o que essa criatura me fez, me deu uma facada.

— Você gosta de ser mártir. Enquanto todo mundo mete a cara e enfrenta, você prefere ser mártir. Quem sabe gosta de criar essa situação — pois é você quem cria — para assim ter a desculpa de ser covarde, de não precisar fazer as modificações que você quer na sua personalidade? Às vezes, você tem interesse em levar pedrada para continuar mártir.

Sinto muito em dizer que você morre e não vai ganhar nada por causa dos seus martírios, nem o reino de Deus, nem lugar privilegiado. Você é uma pessoa que sempre atrai desgraça para você. Ninguém quer você aqui, porque vai criar muita bagunça com essa sua lamúria. Vai criar muita energia negativa com esse seu hábito de criar e de contar desgraça.

Você vai ficar no umbral, com os outros que lastimam que nem você. Mas não tenha medo de ir para o inferno, porque vai encontrar gente igual a você. É como a vida que você tem aí. Tudo o que você atrai é igual a você. É o povo desonesto, trambiqueiro, que gosta de criar problema na vida para ter a desculpa de não assumir a responsabilidade. É tudo igual a você. Não tenha medo, não.

Se você quer coisa melhor,
precisa ser melhor também.
Depende de você.

Tudo está certo. Não tem vítima. Quando a gente estuda a natureza da pessoa e as escolhas que ela fez durante a vida, entende que foi ela quem se enfiou naquela situação. Entende que ela jogou fora muita coisa boa porque insistiu em ser a vítima, a mártir dolorosa. A vida sugeriu que ela se levantasse e fosse diferente, mas ela não quis. Então, a gente não tem mais pena. Tem respeito, porque quando a pessoa quer, ela sai daquela situação.

Qualquer um pode sair de qualquer situação. Ninguém fica um minuto a mais se não quiser. Mas você precisa perscrutar bem no seu coração se quer mesmo ou se é só conversa fiada. Se quiser, sai. Se não quiser, não tem anjo da guarda que aguente tirá-lo dali. É sua a escolha, é seu o poder.

Falar de alma para alma

É impressionante como a maioria das mulheres arruma problema com os filhos. E o mais comum deles é a preocupação de ser uma mãe perfeita. Quer ser tão perfeita que se preocupa com qualquer coisinha que acontece com cada um dos filhos, achando que isso é ser uma boa mãe.

Infelizmente, não é. Isso não faz bem para as crianças nem para ela. Mas adianta falar? Minha filha, é tão fácil criar filho. Não queira invadir a individualidade, não queira se meter a compreender os mistérios da vida, pois nem os espíritos evoluídos compreendem ainda os mistérios do destino de cada um, da personalidade e do íntimo de cada um. Tente compreender cada filho segundo a originalidade dele.

Mãe pamonha tem de monte. Ela é tão preocupada que acaba estragando as crianças. Não sabe impor disciplina com amor ao filho, desde pequeno, fazendo com que ele reconheça a necessidade de participação dentro do lar e aprenda a desenvolver seus talentos nas tarefas diárias com a mãe ou com quem estiver junto dele.

As mães deixam os filhos brincarem o dia inteiro. Não sabem conduzir as crianças a participar, pois elas são

174

muito cooperativas. Mas é claro que a criança também precisa ter a sua hora e o seu espaço de liberdade.

A infância, no entanto, não é um período para ficar só brincando o dia inteiro. É um período de treinamento para a vida adulta, de desenvolvimento do senso de responsabilidade, da liberdade, das habilidades, da participação, do amor e da moral sadia, livre e espiritualizada.

É preciso falar da vida com as crianças, falar de Deus. Talvez muitos pais não tenham recebido essa educação, e não entendam o quanto é importante falar com o espírito. As mães gritam, falam com a parede, mas não conversam com a alma da criança. A alma escuta, se você conversar com ela. E o único caminho para se chegar na alma é o amor.

Não estrague a criança com um amor melado, superprotetor, porque a superproteção é uma doença. Impinge a fraqueza e a ilusão na criança, que cresce incapaz de levar a sua vida e de ter felicidade.

Pense que a criança é um ser que precisa da sua austeridade. Mas uma austeridade bondosa, justa. É assim que você precisa falar com o espírito. Não me diga que você não sabe como fazer, porque isso é má vontade sua. É preciso entrar dentro do coração da criança e escutar a alma dela para falar de alma para alma. Pois, da boca para fora, ninguém fala nada, ninguém consegue nada.

Ouvir com o coração

Escutar mesmo é uma coisa difícil. Às vezes, o interlocutor fica horas e horas falando, mas a gente não está nem ouvindo suas palavras. Está ligado nos próprios pensamentos. Fica perdido nos pensamentos interiores de tudo o que já conhece e, dificilmente, deixa entrar uma ideia nova.

Para poder escutar, de verdade, o que a pessoa está falando, é preciso aquietar a cabeça. A cabeça tem que ficar quieta para a gente prestar atenção em quem é a pessoa que está falando e qual a mensagem dela, pois às vezes tem muita falação e pouco coração.

Você já reparou que a gente só entende quando entra o coração? Falou com o coração, a gente entende. Mas se o coração estiver preso na angústia, na ansiedade, na preocupação do amanhã, revoltado com a vida, ele não escuta.

Engraçado que o coração está no peito e as orelhas na cabeça, mas é impressionante como ele controla os ouvidos. Coração zangado fecha os ouvidos, embaça os olhos, não é verdade? Contrai a pele e a gente já não sente nada. Coração aberto, minha gente, abre os ouvidos, os olhos, abre tudo, e a gente escuta de corpo inteiro.

Que coisa interessante a força que tem no coração. A gente só escuta quando o coração está leve. Se ele está pesado, a gente oscila, angustiado, de pensamento em pensamento. A gente já quer brigar, já quer discutir, não concorda com nada.

Impressionante é o coração fechado. É, minha gente, o coração abre e fecha que nem porta. Quando você está leve, bem disposto, ele abre.

— Ah, cansei. Agora quero ficar alegre e não me interessa o que está acontecendo. Ninguém estraga o meu dia — diz você.

E não estraga mesmo, porque quando abre o coração, você tem uma outra leitura da vida.

A terceira idade é a idade do espírito

Você, minha filha, está aí preocupada com as rugas, preocupada com o cabelo que está ficando branco, preocupada que está perdendo o frescor, está nervosa, complexada. Que pena! Você não compreendeu nada da vida. Que, nesse momento, o declínio do corpo é a coisa mais saudável para você, porque devolve os valores reais da vida e do espírito. É o momento de mergulhar naquilo que você deixou de lado, no mundo da verdade que não perece, no mundo da luz que tem dentro do seu peito.

Se você tivesse despertado antes para tudo isso, não precisaria do declínio. Teria preservado a juventude, dentro dos limites do possível, e estaria mais inteira. Por isso, você, que está aí por volta dos 30 anos e ainda não beirou a idade do perigo, vai ficar velha e enrugada também se não se cuidar.

Para não ficar velhinha, você precisa ser espiritual, precisa vivenciar os verdadeiros valores que estão dentro de você. São os valores do espírito que renovam, que evitam o declínio físico, seja ele causado pelo envelhecimento ou pela doença.

Quem está na secura dos valores espirituais está envelhecendo precocemente. São pessoas que não sabem brilhar, pois quando você traz para fora a luz do espírito, você brilha. Tonifica a sua vida sensorial, seu corpo. Tonifica as pessoas que estão à sua volta, se tornando nutritiva e ajudando as outras a digerir suas ilusões e a encontrar as verdades da alma. Lá dentro de você tem um botão e, se apertar, você vai trazer a dignidade do seu ser, a beleza da luz espiritual para brilhar na pele, nos olhos e no cabelo.

Muita gente não compreende que a terceira idade é a idade do espírito, a idade de aprofundar os valores espirituais. É a idade também de jogar fora tudo o que é preconceito, convenção, valor social, tudo quanto é obrigação, porque você já fez a sua parte, já criou os filhos.

É na terceira idade que você se encontra no auge da sua liberdade para poder mudar a atenção das coisas superficiais para as profundas. Quando os filhos crescem, chegou o momento de você mudar. É preciso entender isso para não entrar em crise, para não sofrer, mas para buscar, por conta própria, a verdadeira emancipação interior, tanto o homem quanto a mulher.

Emancipar-se é ir além das convenções sociais e das coisas materiais, procurando os verdadeiros valores da vida e as verdades mais profundas dentro de você. É preciso renovar. Adolescer novamente para uma maturidade muito mais profunda, que lhe garantirá um final de vida com a dignidade que essa vida física tem.

É preciso impor à humanidade a importância do indivíduo na terceira idade. Porque são eles, nessa fase, que dirigem o país, seja na lei, seja na manutenção do poder. É preciso que a gente modifique o conceito de terceira idade para que você chegue lá e seja uma pessoa de poder. Pois você já ganhou dinheiro, já trabalhou, já fez uma carreira e seus bens já garantem a você o poder na sociedade para que tenha a consciência e a profundidade para dirigir a juventude e os caminhos do futuro. Essa é a missão da terceira idade, do ponto de vista social.

É preciso respeitar a terceira idade. Essa conversa de que velho emperrou, de que se não mudou até agora não muda mais, espero que você não escute, não. Estou falando com você, que é mocinho, porque você também vai ficar velho. E espero que isso não o pegue de calça curta, mas que você já esteja preparado para ser um velho sacudido. Olha lá. Não é comigo nem com Deus que você tem esse compromisso. É com você mesmo.

Pare com a guerra interior

Às vezes, você quer fazer mentalização, pensamento positivo para atrair um bom emprego, fortuna, bons fluidos, abrir caminho, uma nova porta que esteja precisando e o pensamento traz mesmo. Mas, se você é uma pessoa dividida por dentro, é fraquinha. É capaz de seu pensamento nem funcionar. Agora, se você é uma pessoa unida consigo mesma, então, a sua força é inteira, total, e aí não tem o que não consiga na vida.

O que são as pessoas fracassadas, desanimadas, no tédio, na revolta? São as pessoas divididas. Não tem pessoa inteira que esteja mal. Todo mundo que está mal na vida é porque se dividiu. Acolheu o mal dentro de si. É contra si próprio, porque se olha com maus olhos, se critica, tem vergonha de si. Não se gosta e não procura, no fundo do coração, as coisas melhores. Gostar-se é gostar do coração, é defender sua vontade de dizer "não" ou de querer dizer "sim". É expressar-se com liberdade, sem medo dos outros. Mas você tem muito medo dos outros e vergonha de si. Como aparece isso?

— Ah, Calunga, não sei. Decide por mim.

Fico pensando por que essa pessoa vem perguntar para mim. Claro que ela não confia nela, porque se despreza. Lá no fundo, ela sentiu o que é para fazer, mas não dá valor para si mesma.

Olhe, minha filha, quando você está abandonada, todo mundo toma posse de você. Fica à mercê das influências negativas ou das pessoas que querem usá-la. Claro que você é usável porque se deixa usar.

— Meu marido judiou de mim, os filhos judiam, as vizinhas...

— Claro, você é "judiável". Tem gente que não é. Toma posse de si, e as pessoas nem chegam perto. Mas você não gosta de si mesma. Arruma muita briga dentro de você e, por isso, só pode ter briga em volta de você.

Você tem que parar de se querer mal:

— Não, eu me quero muito bem. Se os outros me quiserem mal, paciência. Mas eu, não. Quero gostar de mim, me aceitar. Não quero ficar exigindo demais de mim. Quero expressar meus sentimentos, falar o que eu quero. Ir na vida com coragem. Ninguém me segura, não. Não tenho medo de nada. Se parar, o povo vem me infernizar.

Comece a gostar de você. Faça as pazes consigo. Vai ver como a sua vida se harmoniza e tudo de bom começa a vir. Se o povo não gosta do jeito que você é, que vá lamber sabão.

— Ah, mas um se queixa e o outro se queixa...

— E daí? Por que você fica escutando a queixa dos outros? Não tem mais o que fazer na vida, não? Escutar lamentação de gente que quer você mansa para abusar? Não precisa bater em ninguém, nem ficar xingando. Eu digo com a cara mais sossegada:

— Olha, minha filha, não estou gostando disso, não. — Não preciso nem chegar na raiva, já vou dizendo antes sem ser violento.

O que você está esperando? Que Deus vá ajudá-la? Vai, não. Não quero dizer que as forças espirituais não

182

possam nos ajudar; claro que podem. Mas, se você continua nessa briga interior, eles não fazem nada. Jesus ensinou: primeiro, perdoe os seus inimigos, depois vá rezar. Isso está na Bíblia. Mas você é seu pior inimigo!

Pare de brigar com você e reaja. Se você não reagir, Deus não vai fazer nada, não. Não vai fazer o seu serviço; o seu, não. Mas se você dá um passo, Ele também dá um passo. Você para, Deus para. Você dá um passo para trás, Deus dá um passo para trás. Deus dança junto. Dança, é passivo, que nem a pessoa que é levada.

Você está esperando que Deus a proteja, mas Deus não protege ninguém. É você quem se protege. Então, trate de se comportar direito, senão não funciona a proteção.

Está cheio de gente aí sofrendo acidentes, com cada desgraça horrível. É gente que nem você. Não andou na linha, provocou. Procurou, achou. E Deus? Deus deixa. Ele é passivo. Segue o que você manda. É você que está fazendo as desgraças. Então, pare com a guerra interior.

Não quero que você se sinta culpada, mas que tenha a consciência de que, se não parar com essa briga interior, não vão parar os problemas na sua vida. Se você não reagir no seu coração, não vai ficar boa.

Em sintonia com a faixa divina

A emissão da energia de Deus consegue atingir o universo inteiro. Mas as pessoas não recebem essa emissão porque estão muito ocupadas com os problemas do dia a dia para se sintonizarem com a faixa divina, que está constantemente emitindo ondas da voz, da energia, da presença e da verdade de Deus.

É só questão de você largar um pouco as coisas da vida e se sintonizar com Ele, com Sua força. Sintonizar-se com essa força que está falando dentro de nós, com essa força que não está em lugar nenhum e, ao mesmo tempo, está em toda parte.

Você também está emitindo pensamentos constantemente, como se fosse uma estação de rádio ambulante. Se as pessoas não estiverem muito envolvidas com a vida delas, captam o que você estiver emitindo, mesmo que não diga nada. Mesmo que nem expresse nada, vai ocorrendo a captação dos seus pensamentos. Por isso, é preciso aprender a ligar o botão, a mudar de estação e a se desligar da sintonia do outro.

Existem três operações: quando você se liga, quando sintoniza, ou seja, quando vai em busca da sintonia fora de você, e quando desliga. Por exemplo, alguém chega, e você se liga, presta atenção na pessoa. Mas você também pode resolver não se sintonizar no que ela está falando, mudar de estação ou falar de outro assunto. Você, então, entra com um ponto de vista diferente e muda de energia. Aí, a pessoa tem duas opções: ela muda com você ou vai embora.

Se a pessoa emitir raiva, queixa, você também pode mudar de estação por não querer entrar em sintonia com aquilo. Você diz:

— Ah, não. Eu não vou aguentar de novo esse dramalhão de vítima, de coitadinha...

Por que será que há pessoas que nos acham com cara de almofada? Estão sempre querendo se encostar na gente.

Mas, minha filha, se você não tem cara de almofada, se você não gosta desse programa, mude de estação. Mude de assunto, de sintonia, "dessintonize" e você vai ver que não capta mais aquela energia. Ninguém vai fazer você de almofada, de jeito nenhum.

Agora, se você deixar, o povo usa. Porque você também fica esperando para usar o outro. A gente faz uma troca, não é? Um pouco eu uso você, um pouco você me usa.

Se você age assim, minha filha, está certo. É como você gosta de viver. Sempre arranja uma almofadinha para você, mas também não se queixa de servir de almofada para os outros. Se você acha que o acerto é bom, se a troca é boa, está bom. Não tem problema nenhum.

Acontece que, às vezes, as pessoas judiam da almofada, sentam em cima, socam a almofada, fazem dela pano de chão. Se você aceita, está bom. Se você não aceita, então, é só "dessintonizar".

"Dessintonize-se" dos outros. Eles vêm na briga e você vai na paz. Sorte sua! Assim, você acaba criando a paz, vivendo a paz e gerando a paz na sua vida.

A tabuada da matemática cósmica

Só quem é implicante tolera, porque quem não é não tem nada para tolerar.

É bom aprender, minha filha, que o mundo não é como você quer. O mundo é do jeito que ele é e cada um está vivendo o que é para viver. Está vivendo o drama ou a lição que tem para viver. Cada um, portanto, está aprendendo o que precisa e não o que quer.

A sua intolerância representa a pequenez da sua visão. Por que acha que tem que ser como você quer? Você não quer enxergar o outro, não quer ver o universo dele porque tem a vista curta. Mas para enxergar de longe, você tem que olhar mais além.

Se você não quer, paciência. Deus deixa você ser assim porque Ele é bom demais. Se você quer implicar com o outro, pode implicar. Se está insatisfeita e acha que tem que tolerar, está bom. Tudo tem cura. Um dia, você se cansa, vê que não vale a pena.

É tão bom quando a gente larga de mão! Pensa que está libertando o outro, mas, na verdade, está é libertando a gente mesmo, porque o sofrimento é o grande mestre na tabuada da matemática cósmica.

Ele quita a conta, zera tudo. A matemática vai descontando, descontando, até chegar no zero. A gente vai sofrendo, sofrendo até fazer o que a vida quer que a gente faça. Todo mundo fica quite com a vida.

É no zero que você recomeça, porque, se não zerar, a conta ainda está por ser feita e você terá que prestar contas. A quem? A si mesmo, à vida. Não é a ninguém, não. Deus não quer saber das contas, porque já fez a matemática, já fez tudo certo.

Quem se expressa realiza

É tão importante se expressar! Às vezes, há coisas muito bonitas dentro de nós, mas não expressamos e acabamos não realizando. Quando não expressamos, deixamos de realizar.

De que adianta você amar se não expressa? Então não pode realizar o seu amor. De que adianta ter uma boa ideia, uma inspiração, se você não expressa? Também não pode usufruir da bênção que você tem.

Da mesma forma com as coisas ruins. Às vezes, temos muita raiva, ficamos indignados, contrariados, porque o povo está abusando. Mas também precisamos expressar. Já imaginou essas energias de destruição dentro de nós, sem podermos expressar? Amargando a nossa vida?

A expressão é sem limites. Existem bilhões de formas de expressar uma contrariedade, um descontentamento, sem precisar usar a violência. Você pode falar ou entrar no carro, fechar a janela e gritar para sair aquela coisa ruim. Assim, você se acalma e pensa no que vai fazer.

O que não pode é ficar remoendo, sem expressar a contrariedade. Às vezes, estamos com raiva, apesar de estarmos errados. Alguém mostra um erro nosso, e como somos orgulhosos, vaidosos, ficamos com raiva. Ninguém quer ver que fez errado.

Todo mundo tem uma desculpa para dar. Então, essa é uma raiva injustificada. Mesmo assim, expresse. Depois tenha a humildade de reconhecer:

— Será que eu não abusei? Não provoquei isso na minha vida?

Isso se a pessoa tem o objetivo de fazer o bem, de melhorar e de ser responsável pelo que faz.

Que coisa importante é realizar! Quantas chances a gente tem de realização, de construção, de melhoria interior, de satisfação de fazer as coisas!

O ser humano só fica feliz quando está envolvido com algo que está fazendo. O trabalho é a melhor coisa que tem. Mas não é sempre que a gente se sente bem trabalhando, porque não tem a cabeça no lugar. Nosso pensamento é muito errado.

— Ah, trabalhar é sacrifício. Trabalhar cansa.

O povo tem a cabeça tão negativa que fica moído, cansado de trabalhar. Mas é capaz de ficar o dia inteiro jogando futebol na praia. Sai meio arrebentado, mas está pronto para ir à noite ao baile. Então, não é o exercício que cansa, mas é a maneira de pensar. A pessoa está viciada em ficar cansada. É vício.

— Ah, acabei meu serviço. Estou cansada. Ah, vou pegar aquele ônibus cheio, vou chegar em casa cansada.

Vocês programam a mente. Tente falar diferente:

— Ah, que cansado nada. Estou bem. Isso é bobagem.

Vai ver como o corpo reage diferente. O espírito fica com boa vontade. Mas a gente vai treinando:

— Ah, estou cansado de tanto fazer isso, de tanto fazer aquilo.

É vício, porque nada cansa. Mas se estiver doendo é porque você trabalha com a cabeça ruim. Já vai trabalhar contrariado:

— Ah, que inferno ir trabalhar.

Vai contrariado, porque queria ficar o ano todo na praia. Na hora do descanso, do prazer, do lazer é bom mesmo. Mas viver só assim não dá.

Que raio de vida você ia levar? De aposentado, que fica em casa apodrecendo? Só serve mesmo para quem está doente. Pessoa saudável não gosta disso. Ao contrário, quer aproveitar a vida.

Trabalhar, então, é fazer, é realizar os nossos potenciais, é sentir a satisfação interior. Mas você vai contrariado. Já quer brigar com o chefe, porque não quer que ninguém mande em você.

Quer fazer do seu jeito, porque você é bom demais, é gostosão. Não quer cooperar. É tão mais fácil fazer como o chefe quer, minha gente, porque, se errar, a culpa é dele.

Por que vocês ficam arranjando mais problema? Querem se afirmar, não é? Vocês querem se afirmar, porque não gostam de vocês mesmos.

Mas o que o povo é esnobe, porque despreza a si mesmo, se abandona. Quer ser igual ao outro, quer a mulher do outro, quer os filhos do outro, quer a vida do outro.

O pessoal nunca está feliz com o que tem. Está sempre procurando ser o que não é. Será que esse não é o seu caso?

— Ah, eu queria ser mais assim. Queria ter o cabelo assim.

Troca o cabelo, mas não troca os miolos. Fica com os miolos cozidos. Tem aquela vida de inveja, só de querer o que não tem. E de sentir que é pobre. Sente falta, desânimo, tédio. Vai se abandonando. Vem a solidão, a depressão, a insatisfação.

O mundo, então, vai fazer a mesma coisa com você: não liga, não respeita. Aparece no seu caminho uma porção de pessoas que desvalorizam você, que são críticas e que o derrubam.

Uai, os outros derrubam porque você já estava mesmo no chão. Ou você acha que alguém cai de algum lugar? Não cai, não. É você que se põe para baixo, porque você mesmo não se gosta.

Confesse, então, diante de Deus, se você gosta mesmo de você, se não se despreza. Você não é muito exigente consigo, muito crítico, muito perfeccionista? O que você quer, se você mesmo não se gosta? Que os outros gostem de você? Que a vida vá para a frente? Não vai, não. Se você está repartida em dois, vivendo uma guerra interior, não vai, não. Não adianta ter dinheiro, marido bonito, uma esposa boa, filhos, você vai ser infeliz. Vai ficar com raiva porque os outros não estão dando valor para você. E não têm que dar. É você que tem. É você que está se fazendo isso.

Eu, no meu coração, sou empregado de mim mesmo. Vou trabalhar para a minha realização. Não importa que a firma é disso ou daquilo, que o trabalho é esse ou aquele... Qualquer trabalho é trabalho. Claro que prefiro fazer o trabalho que sei, o que me interessa mais e me dá mais prazer. Mas, assim mesmo, qualquer trabalho é trabalho. Quando vou para o trabalho, digo:

— Eu vou para me dar o prazer das coisas. Vou como se fosse a uma partida de futebol, vou para me divertir, para tirar proveito. Eu trabalho para viver, para aprender, para me realizar. Quem manda em mim sou eu. Eu sou o meu patrão. Mas eu preciso obedecer a uma organização, porque senão vira uma bagunça e o maior prejudicado serei eu mesmo e não quero isso para mim.

Vamos repensar a questão do trabalho. É você que é muito rebelde e não faz as coisas para proveito próprio. Não procura tirar proveito do trabalho, fazer com capricho, com gosto, ficar feliz com o que fez. É assim que a gente atrai as coisas boas, porque não se despreza, mas se valoriza. Depois, vem a oportunidade, com o salário bom e dá para você fazer o seu pé-de-meia.

Você, que acredita em roubar, em lesar seu cliente, seu patrão, que está nessa miséria de espírito, só vai gerar miséria de espírito. Logo, logo, vai ficar doente e vai gastar todo o dinheiro que ganhou no roubo com a desgraça. Vai atrair para a sua vida os espíritos que nascem com tendência à droga, à marginalidade. Quantos casais bons, mas que se compromissaram com o roubo, com a desonestidade nos negócios, têm filhos assim em casa, dando problema. Não estou dizendo que todos os casos são assim, mas que há muitos assim. Vêm os filhos marginais, que deixam os pais loucos, se arrebentam num desastre, ficam drogados, amargurando a vida da família. Está cheio de gente assim.

A gente pensa que lesa a vida de um lado e que a vida não paga de outro. Paga, sim. Aquilo que você fizer, você atrai, e atraindo, você vai viver aquilo lá. Atrai desonestidade e vêm os desonestos atrás de você para roubá-lo. Não tem nenhum lesado. O que tem mesmo é quem procura. Então...

Quem procura acha

e quem achou é porque procurou.

Essa é a vida de Deus, e ela é perfeita. Na vida de Deus, cada um está se dando a própria nota. E cada um está fazendo o próprio destino. Uai, se você não quer acreditar nisso, o que eu posso fazer? Isso é só um pensamento e uma análise de um defunto. Estou me expressando mediunicamente. Cada um decide o que é melhor para si. Mas na vida espiritual, tudo é mérito. Tudo é a pessoa quem faz. Então, vamos trabalhar com alegria. Vamos fazer da nossa vida uma vida boa. É você quem põe a felicidade dentro de você, com a sua maneira de pensar e de agir.

Coração & mente

A cabeça faz muita confusão. Não dá para ficar só na cabeça, porque a gente pensa demais e questiona tudo. Fica com muita dúvida, muita incerteza e muita insegurança.

O que tempera a cabeça é o coração. No peito, a gente tem um centro de força tão poderoso quanto o mental. É o chacra cardíaco, o centro do sentimento, da alma da gente. É ele que nos faz humanos, que nos faz amar, criar e ir em frente. É ele que nos dá a coragem, a força, a luz.

Quando vemos uma pessoa simpática, iluminada, é porque ela está com o seu chacra cardíaco aberto. Mas a maioria das pessoas tem esse chacra fechado por medo de ser dominada, medo de ser feita de boba, medo que os outros não gostem dela, medo de ser rejeitada. Com isso, acaba fechando o peito.

Tende, então, a agir só com a cabeça. E você sabe como a cabeça é. Ela fica sob o domínio das emoções que vêm lá do nosso centro de força inferior. Quando a cabeça se emociona, ela fica sem coração, fica exagerada. E você fica vivendo sob o império da loucura, sendo rígido, muito exigente consigo mesmo, se torturando e torturando outras pessoas com sua impaciência, com sua ansiedade, com suas exigências perfeccionistas.

Sem coração, a gente é ruim consigo mesmo. E não vai ser feliz sem o amor, sem a libertação do chacra cardíaco, que precisa nos compor como um todo. Não significa esquecer a mente nem a cabeça, pois a gente precisa de juízo para amar, de muito juízo.

Na verdade, a natureza às vezes deixa você fechar o seu coração para a cabeça andar um pouquinho. Pois o coração não precisa de evolução. É a cabeça que precisa, e, devagar, ela vai aprendendo a raciocinar, sem impedir a energia cardíaca.

O coração, no entanto, não pode funcionar sozinho, senão você fica entorpecido, como se estivesse drogado. Você precisa da forma que a cabeça, o pensamento, a inteligência dão para o amor. Você é movido pelo coração, de acordo com a inteligência que tem para lidar com essa energia.

Muitas vezes, a gente usa essa energia justamente para seduzir o outro, para que nos dê apoio e segurança, não é verdade? Outras vezes, usa essa energia só nos sonhos, na imaginação, que é uma situação segura. Ou usa com o trabalho, com o dinheiro, com coisas que não ofereçam problemas.

Amor sem inteligência se transforma numa substância que nos protege demais, pois tira a coragem, sufoca, machuca, cria paixão, dor e sofrimento. Por isso, a gente precisa da inteligência para amar. É ela que vai guiar a energia do nosso coração.

A verdadeira consciência espiritual

Todo mundo tem uma família espiritual, ou seja, ligações profundas que mantêm sempre a sustentação um do outro, procurando ajudar nos momentos de necessidade. Há pessoas mais atrasadas ou mais avançadas que você, mas ainda assim é a sua família espiritual.

Nem sempre as pessoas de casa são exatamente as que a gente tem maior afinidade. E, embora façam parte da nossa experiência de vida e de aprendizagem, não são aquelas que tocam lá no fundo, que basta a gente se olhar para entender tudo, pois têm o mesmo senso de humor, as mesmas maneiras de pensar e de sentir a vida. É isso o que faz a verdadeira família espiritual. Às vezes, parte dos membros da sua família está aí reencarnada, na figura de um amigo ou mesmo de um parente. E não importa se a gente está junto ou separado, pois essa ligação tem uma vivência própria que não dá para negar nem esconder.

As pessoas ficam procurando a sua alma gêmea, mas não tem. Alma gêmea não existe. O que existe são as relações afins desses grupos aos quais nós pertencemos.

196

O mundo invisível é muito rico e você não está só, nem está desamparado. É preciso abrir a nossa consciência e estabelecer uma ponte de ligação com esse povo. Evocando a sua família espiritual, você vai sentir a companhia, pois eles vão lhe trazer o apoio, a força e a inspiração na atitude melhor. Há gente de todo tipo neste planeta. Alguns estão aqui só para resolver um problema pessoal, envolvidos com seu mundo interior, ainda pequeno. Há também gente que já abriu umas portinhas e vem resolver problemas de grupo. E há ainda os que vêm não só ajudar o seu grupo familiar mas também colaborar com a vida e com a sociedade.

Cada vez mais reencarnam no planeta pessoas com compromisso social. Às vezes, você mesmo, na sua casa, está vibrando pela paz, pelo melhor. Quando dorme, seus amigos espirituais vêm buscá-lo para se enturmar com eles e partir para um trabalho de visita às casas de pessoas angustiadas, seres que estão sendo atacados por espíritos ignorantes. Vamos lá para fazer uma oração, para servir de canal para a limpeza de um lugar, de uma pessoa-chave, da qual depende a vida de muita gente aí na Terra.

Vamos fazendo pequenos trabalhos aqui e acolá, dirigidos por seres mais avançados que nós. Procuramos, por meio das influências astrais, melhorar as condições do planeta, porque o mundo daí ainda depende do mundo de cá. E o mundo de cá depende do daí. As coisas não estão tão isoladas quanto parecem a vocês, que ficam muito fechados na matéria.

A verdade é que existe um intercâmbio muito forte entre esses dois mundos. Todos nós pertencemos ao mundo astral e passamos um período excursionando na Terra. E assim vai e volta, vai e volta. A vida é um movimento, é um samba e, numa batida ou noutra, a gente vai dançando. Por isso, é importante pensar que temos de despertar para a coletividade, para a participação do Bem Maior para limpar o astral da sua cidade.

Você pode achar que é uma pessoa pequena e que não conta no meio desses milhões, mas conta, e conta muito. Então, não deixe de incluir no seu dia aquele desejo, aquela luz que esparge pela cidade, que afeta os hospitais e principalmente os órgãos públicos, pois lá dentro há muita corrupção, muita tentação. Precisamos estar ali com a nossa energia, que, às vezes, é muito mais forte do que a participação da ação política.

A ação espiritual vai impedir que as forças negativas entrem no poder e corrompam a polícia, os órgãos públicos e que corrompam os homens que têm responsabilidade diante de grandes problemas da nossa sociedade, da nossa nação. Precisamos ter consciência espiritual. É com ela que nós mudamos o país.

— Ah, gostaria de ter um país melhor, uma economia melhor, um ambiente mais próspero. Gostaria de ver menos pobreza. Mas não sei o que fazer, pois sou pequeno diante dessa imensidão. Parece que ninguém se dá conta — você pode dizer.

Muita gente se dá conta, porque se não desse conta, isso tudo já teria caído. Se continua em pé é porque tem gente que não deixa cair. Há pessoas que estão vibrando, confiando e trabalhando. Tem muito mais gente no bem, com bons propósitos, do que no mal, na ignorância.

Apelo para que tenha consciência de que nós precisamos de você, porque queremos que a vida melhore. Até o clima, gostaríamos que fosse mais ameno, que a lavoura tivesse mais sucesso, que os projetos educativos e sociais, tanto os das empresas privadas como os do governo, tivessem muito mais sucesso. Temos procurado o assédio às criaturas responsáveis, inspirando-as com pensamentos bons para que possam realizar o que elas querem.

Você sabe como as coisas são complicadas aí na Terra, porque vocês complicam demais. Têm medo de ferir um, medo de ferir outro. É o interesse de um, o interesse do outro. Cada um quer fazer do seu jeito e nem sempre pensa no bem comum. E as coisas complicam. Por isso, a gente quer jogar a energia de facilitação e abrir o coração para a fraternidade para que a pessoa que está em um cargo público, no hospital ou no funcionalismo possa entender que seu cargo é espiritual, é de compromisso com Deus, com a espiritualidade superior.

Essa vontade de trabalhar pelo mundo e pelo ambiente é muito séria. Então, precisamos vibrar para afastar o egoísmo, a cegueira, as ilusões da pessoa, as entidades inferiores e as energias negativas de briga pelo poder. A inspiração faz com que essas pessoas, voltadas para os ideais, para a causa, para o patriotismo, possam ter uma ação benéfica na comunidade. Por isso, precisamos abrir o coração para a comunidade, para plantar um ambiente melhor.

No silêncio da sua casa ou na empresa, não se esqueça do povo, da sociedade. Não se esqueça de ser uma corrente para as Energias Crísticas, para a falange da fraternidade de Cristo, para vibrar pelo bem, sem egoísmo, interessado não só na sua melhora, mas que o mundo à sua volta também melhore. É você que vai fazer a diferença, porque você está aqui.

E por que você está aqui exatamente nessa época da vida? Está aqui para desempenhar um papel pessoal, diante de si mesmo, para melhorar suas condições interiores, para aprender a dominar as suas fantasias, seus dons, seu poder de escolha, suas energias. E, também, para conviver com os outros, com quem lhe é familiar, para realizar algo no ambiente e também para contribuir com a sociedade, com o momento atual.

O momento é de muita transformação no planeta, diferente de outras épocas. E nesse momento, há da nossa parte um interesse muito grande no mundo de vocês, como também de vocês no nosso. Por isso, queremos unir e somar as forças para que consigamos transformar a vida.

Você apenas sonhou até agora, mas não é mais hora de sonhar. É hora de pôr em prática, de crer no Bem Maior, de crer e de executar sua ação pequena, mas uma ação firme, com que a gente possa contar. E que, de repente, prevendo alguma catástrofe social, a gente possa chegar até você e pedir para orar e vibrar pelo bem. Você, então, tem um sonho esquisito e acorda pensando naquilo: "Ah, pelo amor de Deus, que não aconteça nenhuma desgraça na minha família". Começa a vibrar para impedir.

Somos nós que o estamos procurando para que você some conosco para evitar a catástrofe, o perigo de instabilizar novamente a moeda ou o perigo de que certas fontes interesseiras venham a prejudicar a comunidade para tirar proveito pessoal. E nós não podemos deixar. Temos que envolver os políticos com uma energia boa. Não de ódio, porque eles ficam piores, ficam obsediados. Vão fazer bobagem em cima de bobagem. Depois, são vocês que pagam e nós que recebemos as consequências aqui. A energia muda aí e, aqui, a coisa fica preta.

Eu sei que o ser humano às vezes faz bobagem no poder e irrita a gente. Eu sei porque estou acompanhando tudo o que posso para entender como funciona a vida. Mas não podemos entrar nisso.

Vou pôr Cristo na mente do presidente, como se a Força Crística o abraçasse para afastar as falanges que querem a anarquia para se divertir com a dor alheia. Não quero essas fraternidades da ignorância no poder.

Eu quero somar com Cristo, com os espíritos superiores que estão pensando no bem. Eu não vacilo na minha fé. Não deixo a propaganda política negativa me pegar. Eu sirvo a política de Cristo, do bem. Sei que é difícil, mas vamos conseguir, porque vamos crescer na consciência e vamos somar a ponto de conseguir o que queremos. Se o mundo já andou e venceu tantos obstáculos, vamos vencer esses outros.

Somos nós, portanto, a ponta da corrente. Olhe como você é importante. Se a ponta faltar, é como o fio da tomada, não vai acontecer nada. Você não pode faltar mesmo. Não esqueça que você é um soldado do Bem Maior, pois já está maduro para entender. Não pense que podemos fazer tudo sem você. Não podemos interferir na Terra se o arbítrio de quem está aí não nos concede. Você tem que dizer:

— Está bom, eu concedo.

Aí, a energia entra. Mas se você não está nem aí, a energia não entra, porque Deus respeita o livre-arbítrio. Vamos, então, fazer uma corrente forte para evitar as desgraceiras do país. Vamos ser uma fraternidade que acredita no bem social.

Você nunca está sozinha

Cada vez que você pensa que tem que dar certo é porque acredita que pode dar errado. Então, sabe como a gente faz? Põe tudo na mão de Deus e esquece.

— Mas tem coisa, Calunga, que a gente tem que resolver na hora.

— Não, minha filha, a natureza não pensa que está tudo na sua mão. Quando Deus quer que você resolva, Ele a ajuda a ver claro. Você vai sentir no coração o que deve fazer. Não carece ficar nessa luta de querer dirigir a sua vida. A gente vai vivendo, cooperando, mas ninguém dirige a vida.

Na hora certa, nasce o pensamento, nasce o sentimento, nasce clara a visão do problema, nasce na sua cabeça a sugestão de que medida tomar. Mas você quer controlar, porque quer tudo perfeito. E aí acaba atrapalhando o destino. Tenha a coragem de dizer:

— Ah, tudo isso é besteira minha. Sou muito mandona. Não estou cooperando com a natureza. Mas vou cooperar, vou confiar nas Forças Inconscientes em mim, que são as forças divinas. Vou me dar um pouco de paz. Deus, vou deixar nas Suas mãos. Vou largar de vez, não vou fazer mais nada.

O povo quer tanto que dê certo que acaba atrapalhando. Sabe aquela pessoa ansiosa, que, de tanto querer que dê certo, acaba atrapalhando? De tão nervosa que ela fica, dá tudo errado?

Por que a gente luta tanto na cabeça? Por que tanto medo do fracasso? Uai, por que você pensa que é tão especial que não possa fazer alguma coisa errada? Que é tão diferente dos outros? Não é não. É igual a todo mundo.

Seja humilde, minha filha, porque você não vai a lugar nenhum sem Deus. Ah, não vai. Só vai para o fundo do poço, para o buraco. E lá no fundo do buraco, você encontra Deus também, porque Ele está em todos os lugares.

Eu largo tudo na mão de Deus. Ah, tudo: minha alma, meu coração, meu pensamento. Deus é eu, Deus é você. Deus é as forças inconscientes. Deus é sabedoria, é grandeza. Por que, então, eu iria querer me diminuir? Eu quero ficar grandioso, na grandeza de Deus.

— Mas eu, Calunga, sou pequeno. Não sou nada. Sou uma gota d'água perdida no oceano. E quanto mais eu me perco no oceano, maior eu fico. Fico do tamanho do oceano. É por isso que eu quero me perder em Deus. Perca-se em Deus, minha filha, louca e apaixonadamente, e você vai ver o que são as Forças Universais. Não queira fazer nada sozinha, pois você nunca está sozinha.

Sentir a vida com profundidade

Nenhum extremo é espiritual. Não consegue atingir a profundidade, pois quem vai muito para um lado ou para o outro não pode ir para o fundo. Vocês dizem com muito orgulho:

— Ah, comigo é assim: ou vai, ou racha. É oito ou oitenta.

Parece que são muito definidos. Não sei por que vocês acham que ser uma pessoa muito definida é sinal de segurança. Para mim, é ser inflexível. É sinal de resistência, de ignorância, de teimosia, pois a vida está mudando a cada momento.

Ir para o profundo é outra coisa. Vocês veem, por exemplo, na Rússia. Aquele povo era de um grande fanatismo religioso antes da revolução. Era uma superstição, um negócio tão extremo, tão sem senso, uma loucura! Então, o plano espiritual deu força para o comunismo tomar o poder e limpar de vez aquele misticismo.

Levou muitos anos, pois aquela geração que estava viciada teve de morrer. O plano espiritual está agora ajudando o povo a entrar num espiritualismo sadio. Devagar, então, vão se movimentando as forças astrais e políticas para que o povo consiga se reeducar. O que está lá já é uma geração nova, e a que saiu se espalhou por aí.

É por isso que vocês veem nos Estados Unidos movimentos de gente fanática, como a religião protestante. Quem é fanático nasce duas ou três vezes, pois não consegue se libertar de certos valores extremistas. Às vezes, leva duas ou três vidas para quebrar a ilusão, a hipnose que criou, e se convencer de que esse extremo está agredindo a própria natureza e provocando mais dor do que evolução. Mas tudo é vivência, porque nada está errado.

Não estou dizendo que ser fanático ou extremista esteja errado. Estou falando apenas que causa muita dor. Então, cuidado com as reações extremistas na sua vida, com seus filhos, com quem você quer ajudar, com seus alunos, se você é professora.

O importante é atingir a profundidade do ser humano, é fazê-lo sentir as coisas, abrir o coração e sentir com a alma. Não adianta você cansar de abraçar e beijar o seu filho, porque pode estar só mimando-o e estragando-o. O verdadeiro abraço pode ser um só, mas é aquele que vem no momento certo, que faz com que a criatura sinta no fundo do coração a sua própria alma. Carinho não é para amolecer a pele, deixar você mole, largado.

O verdadeiro abraço é o que desperta o bem, a alma da pessoa. Por que vocês pensam que dois seres humanos gostam de se abraçar? Vocês dão abraço a qualquer hora, de qualquer jeito. Parece até uma prostituição do abraço. Isso tudo aí não serve para nada.

Quando o verdadeiro abraço ocorre, a gente desperta a alma e há uma comunhão. Esse é o verdadeiro amor que você dá para um filho. Quando olha para ele, não criticando seus comportamentos, mas enxergando e fazendo essa criança enxergar seu próprio ser interior. Se a criança está agressiva, converse com ela:

— Eu sei, meu filho, que você está bravo. Mas, lá no fundo, não é o que você quer. Tente dizer o que você quer. Fale com o coração e deixe a luz do seu peito se acender.

Quando você fala assim, a criança ouve e qualquer ser humano se torna dócil, humano. Como você pensa que vai educá-lo? É assim, fazendo ele sentir essa grandeza que está na alma de todos nós, porque só nos ligamos através de Deus, desta fonte universal.

Se você não ensinar seu filho a sentir Deus dentro de si, ele jamais sentirá o próximo; jamais compreenderá as necessidades sociais; jamais será generoso, sublime, bondoso, humano; jamais trabalhará pela construção e pelo bem da sociedade. Se o ser humano não está desperto, ou se está desviado, cabe a nós, com paciência, despertar essa força que há nele. Caso contrário, não adianta remédio, psicologia, punição, cadeia. Não adianta nada se não despertarmos o ser humano para a sublimidade que há dentro dele.

Os homens só se ligam pelo coração. Fora disso, o homem não se liga. Se não for pela alma, ninguém se liga a ninguém, não respeita ninguém, não ama ninguém. O povo, quando está fora do seu próprio coração, da sua própria essência, é egoísta, é traiçoeiro, é aproveitador. Usa a sua inteligência para levar vantagem sobre tudo.

É essa a condição moral do Brasil que aí está. Graças a Deus é só uma parte da população que age assim, pois a maioria está bem mais próxima da sua essência, do seu coração do que em qualquer outro lugar. E é por isso que vamos continuar a ser brasileiros.

Eu morri, nasci aqui e me apaixonei por certas coisas deste país. Eu poderia estar longe, com olhos verdes, azuis, porque já fui loiro. Poderia estar em qualquer vida que tive, com a aparência que quisesse. Mas eu nasci aqui, preto, e aprendi tantas coisas, me afeiçoei tanto que quero continuar.

Estou gostando de ser preto. Aprendi a ver a beleza negra que eu não conhecia. Fui muito criado nos países prussianos e lá a gente não conhece preto porque são todos

205

brancos, feito ratos. Quando nasci preto, fiquei feliz da vida, porque já achava bonito mesmo, exótica a pele daquela cor. Nasci e gostei de ser o que era. Mas, com a escravidão, a vida foi meio terrível.

De qualquer maneira, escravo a gente sempre é de alguma coisa. Pior é ser escravo dos nossos limites. Você está aí livre, mas preso dentro de casa, escravo da sua reprimenda, da sua loucura, das suas fantasias. Você está livre, pode ter um carro, sair, fazer tudo e, no entanto, não sai de casa. Está preso a suas obrigações, preso na sua depressão. De que adiantou não ser escravo? Melhor era ser escravo contente, pois até se esquecia das outras coisas.

É, escravidão é também uma grande aula de autodisciplina. Aqueles que não conseguiam se conter na sua loucura, às vezes, nasciam assim, porque tinham que aprender a se conter com a disciplina.

Hoje em dia, não tem mais escravidão, porque nós evoluímos. Em compensação, há a paralisia, uma série de doenças que enfiam o indivíduo na mesma escravidão, como o diabetes que torna a pessoa escrava do remédio, ou o problema renal, que obriga a fazer a hemodiálise. E, assim por diante, há muitos tipos de escravidão. Às vezes, o próprio vício pode ser uma escravidão para disciplinar o indivíduo.

Enfim, a vida tem sempre criado recursos para que o indivíduo consiga crescer e aprender por meio de suas próprias experiências. A vida é uma beleza. Está tudo tão certo, tão bom!

Você é o seu próprio juiz

— Calunga, eu não consigo aceitar a mentira — diz uma ouvinte.

— Não seja radical com nada, minha filha. Não faça isso. Você também é mentirosa. E a gente nunca sabe quando vai precisar mentir. Aí, vai mentir como? Vai ser desonesta consigo mesma?

Quando a gente se impõe uma lei muito rígida, um dia acaba escorregando nela. O nosso ser, então, toma aquilo como uma desonestidade nossa. E, se você tem um programa de punição à desonestidade, ele vai ser acionado automaticamente. Então, você acaba criando a própria desgraça.

Vamos procurar dizer a verdade. Só procurar, já está bom, porque você também não aguenta ouvir toda a verdade de uma só vez. Às vezes, para falar com você, os outros têm que adoçar.

Mas é você que vai ter que sustentar os próprios conceitos, porque vai viver pelas leis que você mesma se impôs. Vai se promover ou se punir, de acordo com o que você acredita. Você é o seu juiz, minha filha, porque Deus não é juiz de ninguém. Portanto, vá com cautela para não aprontar uma bem feia para você.

O povo gosta de dizer:

— Dessa água, não beberei...

Mas, olha, que é dessa água mesmo que você vai beber.

Então, vamos ser abertos e ter conceitos provisórios. Ah, por enquanto, estou pensando assim, estou fazendo assim, mas amanhã não sei. Garantia, eu não tenho de nada. Sei lá se amanhã vou ver o mundo diferente.

Também não estranhe, minha filha, se você pensar diferente dos outros. Não estranhe a estranheza dos outros, viu?

Briga de energia

Por que você espera tanto dos outros? Por que dá tanta importância para o que eles dizem? Não ligue. As pessoas fecham a cara hoje e, amanhã, abrem.

Toda vez que você recebe uma ofensa, o ofensor se sente vitorioso. Toda vez que você rejeita uma ofensa, a energia volta para a pessoa que a ofendeu. Ela sofre o impacto da própria energia, se arrepende do que fez e, então, muda.

A única maneira de se defender nesse mundo é não aceitar nenhum desaforo. A pessoa fez desaforo? Não estou nem ligando. Me fez mal? Pode fazer. Me quis mal? Pode querer. Assim, a gente vai deixando todo o mal lá fora, não aceita nada e não entra nada. O que acontece?

A energia volta para a pessoa. E, daí a pouco, ela vai se sentir culpada. Então, se arrepende do que fez e vai procurar um jeito de pedir desculpas. Mas se a pessoa é rude e indelicada e a gente se magoa com aquilo, guarda aquela energia, ela se sente vitoriosa. Na verdade, ela não está querendo ofender, mas exercer seu poder de se sentir superior. Olha para você como inferior a ela, porque você se põe de inferior.

E por que você se sente inferior? Porque você é uma lata de lixo que pega toda a porcaria que os outros mandam. Leva a sério tudo quanto é desaforo, tudo quanto é besteira. Mas se você não pega, dá de ombros e diz:

— É a pessoa que está criando essa energia ruim de antipatia e não vou pegar. Vai ter que engolir o que ela mesma está criando.

Aí, minha filha, tudo muda. Estou ensinado como se defender da briga de energia, do jogo do poder. Se você quer ganhar, tem que ser mais forte que o outro. Senão, você vai perder...

Viver sem medo

— Calunga, eu vivo com problema de saúde. Saio de um e entro em outro — fala a ouvinte.

— Por que você precisa ter sempre um problema na vida? Deve ter uma razão, minha filha, para você viver caçando problema. Você deve ter algum pensamento que a impede de ficar saudável. Essas coisas vêm da infância. Quando a gente ficava doente, recebia concessão da mãe ou do pai:

— Minha filha, você está doente? Então não precisa ir à escola. Não precisa ser contrariada, não precisa enfrentar a vida, porque a gente protege.

Recebia uma série de vantagens, não é, minha filha? Então, quando você cresce, esses condicionamentos começam de novo, porque ficar doente está associado a ter proteção especial, a ter conforto, a não ter que encarar o que você tem medo. Esse condicionamento precisa ser quebrado.

Criar doença ou dificuldade é uma maneira de se proteger. Por mais que ache isso um absurdo, se você entrar bem dentro da sua mente e do seu coração, vai ver que tempos atrás preferiu ter uma dificuldade para não ter que enfrentar. Era tanto o seu medo que era melhor que acontecesse uma desgraça para você não ter que ir e enfrentar. Já ouvi muita gente dizer:

— Espero que aconteça alguma coisa para eu não ter que ir.

É preciso notar que você está com medo de viver e vou dizer uma coisa que vai desiludi-la:

Mas você vai viver com medo ou sem medo. Vai carregar a sua cruz até o fim, goste ou não goste, tenha medo ou não tenha medo, porque a vida não vai tratar ninguém de maneira diferente. O que você precisa passar e fazer, vai ter que passar e fazer de qualquer jeito.

Então, minha gente, vamos pensar que nada vai nos assustar? Só vamos passar o que nós precisamos. Só vamos passar o que vai fazer bem para nós, o que vai despertar em nós o espírito profundo, o que vai despertar a nossa inteligência, as nossas habilidades.

A vida não judia de ninguém. Promove o ser humano em qualquer ação, em qualquer situação. Ora, por que eu tenho que ter medo se a vida é uma mãe boa, que às vezes dá uma chinelada para eu acordar?

Minha filha, seja mais corajosa. Você precisa abrir o peito, enfrentar e dizer:

— Isso tudo é besteira. Eu estou me protegendo demais. Não preciso dessa proteção toda, posso arriscar. Sou como todo mundo. Tudo o que os outros fazem, eu também posso fazer. Não quero mais me proteger demais. Quero ser bem corajosa, quero deixar a minha pele grossa e dura para que nada me atinja. Quero exercitar minhas defesas, mas defesas que ampliem os horizontes.

Quem luta sempre perde

A gente está sempre praticando o poder para se sentir seguro. Procura rebaixar o outro para se sentir superior, combatê-lo para se sentir seguro. É uma briga de poder.

A gente quer ter poder sobre o outro e vive nessa luta. Os outros que estão na luta, então, brigam com você. Às vezes, encontra um mais forte e acaba apanhando. Mas é porque você também está na briga. Se não quer ser atingido, por que então entra na briga?

Pare de querer lutar, pare de querer ser superior. Seja superior apenas dentro de você, meu filho. Aprenda que se há alguém que você precisa conquistar, se há alguém que você precisa seduzir, se há alguém que você precisa mesmo vencer, esse alguém é você mesmo. É no seu interior que você constrói um alicerce sólido, e não em cima de ninguém.

O dinheiro, as propriedades, os negócios, o sobrenome de família um dia se acabam. Nada disso dá segurança. Vem uma revolução, uma recessão econômica e você perde tudo. Vai se suicidar por causa disso?

A gente quer ter sempre alguém para mandar, quer manter a empregada inferiorizada. Quer se sentir superior, achando que isso vai garantir a felicidade. Mas a decepção, quando chega, é muito grande e, como diz o ditado: "Quanto maior a escada, maior o tombo". Por isso, quem briga por poder sempre perde, porque quem luta perde.

Acorde, meu filho, para as coisas verdadeiras que estão no seu coração. Pare de lutar, pare de querer ser superior, pois você não é nem nunca será superior a ninguém. Saia da ilusão de que seu dinheiro, de que a sua educação refinada vão lhe dar crédito. Só dá crédito perante a hipocrisia humana, mas não dá crédito na vida.

Quando você tiver um câncer, vai doer tanto quanto no ladrão que está na prisão. Você, que é moralista, que acha que é melhor que o ladrão, pense nisso. Quando a fatalidade da vida o pegar, você pensa que vai sofrer mais? Vai sofrer menos? Não vai, não. Ninguém é pior nem melhor que ninguém. Todo mundo é igual aos olhos de Deus.

Deixe-se encantar pela vida

É bom demais viver! Sabe por que estou contente? Porque eu deixei a vida me encantar. A vida é uma sedução. Que coisa boa é se deixar encantar com a vida, parar de teimar, parar de pecar, parar de lutar e ficar assim, paradinho, só deixando a vida nos encantar.

É o barulho das coisas que entra pelos ouvidos, vai abalando o sistema, como se fosse uma bateria de música, provocando nuanças, sensações. Eu vou me encantando com as cores em volta de mim, com as pessoas que se mexem, como numa dança. Eu olho a pessoa como se ela viesse do nada e, de repente, ela surge na minha frente, falando, se expressando.

Acho que estou ficando louco, mais ainda do que já sou, porque a vida me encanta, me arrebata, me leva e eu vou, porque sou sem-vergonha mesmo. Deixo essa mulher fascinante me levar.

Ah, eu estava enganado. Pensava que para ser feliz e ficar bem eu precisava evoluir. Precisava acabar com os meus defeitos, acabar com meus problemas, melhorar os outros. Precisava isso, precisava aquilo. E, de repente, a vida me surpreende, me pega de calça curta. Ela vem fascinante, pondo luz em mim, despertando a minha consciência, limpando a minha percepção dessas coisas todas e me arrebata. Que coisa que é viver!

A vida é um fascínio. Nunca vai para onde eu penso que ela vai. Eu imagino uma coisa, ela é outra. Como é independente a vida! Ela é independente como um gato. Está com você, mas faz só o que quer. Às vezes está com você, às vezes, está só na dela. Acho que é a gente que, às vezes, está com ela ou não está, que nem o gato. Quando está na dele, está na dele.

Há gente que gosta de judiar de gato, porque ele é independente. É a pessoa que tem raiva da sua própria prisão. Então, quer agredir o gato, quer prender o passarinho, quer criticar quem põe uma roupa mais escandalosa, quer criticar quem não faz igual a todo mundo, porque é um prisioneiro. Está rejeitando os encantos da vida, não quer ter sexualidade, não quer ter emoção, sensação. Não quer participar da dor, da alegria. Não quer rir, não quer ser. Brigou com a vida, está de mal. Quer corrigir o mundo, critica o sistema, critica tudo. Tem uma vida miserável, pobre, infeliz. Mas é escolha.

Eu também já escolhi ser assim e, quando percebi, me larguei, me soltei, morrendo de medo. A vida entrou, me levou e estou assim apaixonado, envolvido. As coisas pequenas, que eu nem notava, comecei a notar. Que coisa estranha saber que não tem nem mais "eu", que sou essa coisa que é a própria vida, se mexendo. É uma sensação estranha.

216

No fim, todo caminho é sempre certo

Ser mentor, às vezes, me cansa, porque vocês me dão canseira. Pedem de tudo, pedem aqui, ali, acolá. Fico só olhando os pedidos absurdos que não dá para atender. Gosto quando dá para atender e melhorar a vida de alguém. Mas quando não dá, a gente tem que só assistir as pessoas que estão fazendo drama, brigando com a vida. E meu guia — eu também tenho guia, porque estou na evolução como vocês — fala:

— Olha, Calunga, as pessoas se fazem de coitadas, de ingênuas. Mas são todas safadas, porque não querem escutar a vida, que está dando exemplos em volta delas. Olha aquela outra, que está escutando e está se virando. Tudo é bom na vida dela. Faz até das coisas difíceis algo bom, excitante. Até procura um desafio, porque ela gosta das coisas em movimento, saboreia o dia. Não que não tenha uns problemas em volta, o filho ou o marido com problema; tem, porque isso faz parte da vida. Mas ela tem a consciência de que pode viver do jeito que quer. Ela não quer se abalar, então não se abala.

Como as pessoas não tomam conta de si, não? Elas não percebem o poder que têm de dizer:

— Ah, e daí que minha mãe está doente no hospital? Não quero ficar triste, acabada. Já está ela ruim, por que vou ficar também?

A pessoa que age assim manda embora todos os pensamentos, os costumes, a moral humana toda pervertida e fica bem. E faz muito bem ela. Se for na conversa do povo, vai ouvir:

— Mas você não está preocupado com a sua mãe, que está doente? Como você pode tomar sorvete com esse calor, sabendo que a sua mãe está no hospital? E ela responde:

— Queria que eu estivesse em casa, chorando, rezando? Uai, eu não fiz minha mãe ficar ruim. Claro que isso não é bonito de se ver, nem eu queria. Mas eu posso mudar o destino que a pessoa traçou para si? Por que vou sofrer com alguma coisa que eu não posso mudar? Ah, eu? Estou calma. Estou bem. Já chega a desgraça dela e ainda vou somar? Eu não, vou tomar o meu sorvete, em homenagem à minha mãe. Que meu coração se encha de luz e de alegria para abraçar o coração dela. É o máximo que eu posso fazer. O resto ela tem que decidir com Deus. Eu, não, quero chegar cheia de energia, porque ela está lá com os tubos, toda furada.

Os médicos ficam tentando segurar a mãe aqui e os espíritos puxando ela para lá. E ela no meio, não sabe se vai ou se fica, porque é ela quem decide. Alguns parentes ficam tentando segurar, e outros, querendo que ela vá logo para pegar as coisas dela.

Vocês fazem uma tragédia para desencarnar. Todo dia desencarna gente, mas vocês resolvem brigar com a vida. Uai, a pessoa está morrendo porque já cansou, desistiu de viver. Já não tem mais nada para fazer na vida. Não pode nem morrer sossegada? Vocês ficam nesse atraso de pensamento. Parece que não aprenderam nada. Por isso, faz muito bem a pessoa que vai tomar sorvete, que diz adeus com alegria.

— Vai, mãe. Você já completou a sua obra mesmo. Não fique nessa coisa de vai, não vai. Ou volta e luta para viver ou vai embora de uma vez. Cuide da sua evolução. Já fez o que podia por nós, agora vá em frente.

Mas o povo fica dizendo:

— Ai, doutor, não tem jeito?

Por que quer que ela viva mais um pouco aí na Terra, para poder sugar mais um pouco? Largue a mulher, deixe--a morrer. Os parentes ficam com aquela vibração em cima, achando que têm que pedir a Deus para curar.

Nunca peça para curar. Peça:

— Deus, que essa situação se decida pelo melhor da pessoa, pela felicidade dela. Que seja feito o que é melhor pela pessoa. Não sei o que é melhor para ela, nunca soube o que é melhor para ninguém. Aqui, na minha prece, eu me redimo. Não quero interferir na vida de ninguém. Não quero escolher por ninguém, dizer o que é certo ou errado para ninguém. Chega de me meter na vida dos outros, porque não tenho nada com isso. É a pessoa quem sabe o que é melhor para ela.

É a mãe que deixa o filho partir para as drogas, para a marginalidade:

— Ele quer, pois ele que vá experimentar. Ele tem que decidir com Deus, não é comigo. E eu não vou segurar a situação dele, porque não tenho força para isso. Que vá. Eu fiz o filho, deixei ele nascer. Cumpri com o meu compromisso. Deus, agora estou entregando de volta o pacote que me deu. Fiz minha parte, agora é com Deus e com essa pessoa. Eu me liberto e liberto a pessoa.

É assim que tem que ser. Isso é amor desprendido. O meu coração está junto, vibrando pelo sucesso, pois:

Seja qual for o caminho, todo final é sucesso.

Mas eu me liberto da angústia e do sofrimento. Que bobagem se torturar com a vida dos outros. E vocês ainda acham que isso é caridade, é consideração? Repense.

Deixe a pessoa morrer, deixe o marido ir embora com a outra. Que vergonha, ficar aí chorando por aquela porcaria de casamento, que não estava bom. Ah, sacode a poeira e vá para a frente. Gente é trocável e vai trocar mesmo. Ah, fica aí tentando segurar alguma coisa que é impossível segurar. Vocês são muito contrários à vida. Por isso não podem apreciar a vida mesmo. Ficam segurando, com medo de errar. Que besteira, vocês já erraram tantas vezes e já viram que não tem nada de mais.

Vocês querem fazer a vida feliz no tapa, mas não é assim. É cedendo, se entregando. Viva, porque quem vive não morre. Mas você já está morto na sua desilusão, na sua birra com a vida.

Problemas de família

Quem tem família tem sempre um probleminha aqui, outro ali. Quando atendo as pessoas no centro espírita, vou observando que o povo se amarra na família de uma forma doentia e se machuca muito, mas não larga da família.

Se a família tem umas vantagens, parece que o povo tira muitas desvantagens da família. Fica vivendo no psiquismo viciado do pai, da mãe, de todo mundo. Um se envolve no problema do outro e se mete, dá palpite para ajudar um, para ajudar outro. As energias vão se cruzando, se condensando, e as pessoas ficam se grudando. Muitas vão se acabando, se perdendo, sem perceber.

— Ah, minha família é sagrada...

São as pessoas inseguras que deixam o outro interferir. Mas chega um momento em que a interferência vai se acumulando e dá um problema de obsessão terrível.

Claro que nem toda família é assim. Tem gente esperta, que sabe não dar muita confiança, que sabe não ficar contando tudo dentro de casa, que sabe não entrar na conversa dos outros.

O povo também gosta muito de se fazer de vítima, de injustiçado pela sociedade, pelos parentes e pelos amigos. Isso é uma hipnose, e o povo vem pronto para hipnotizar. Se você não entrar nessa hipnose, vai poder analisar a pessoa. Vai ver que ela está boa, que está de pé, que tem boca para falar, que tem capacidade de ir e de se posicionar, que tem capacidade de aprender, de mudar. Portanto, não é mentira que ela é uma vítima? Mas se deixou levar, porque não quer ser responsável por si. Não quer tomar conta de si. Preferiu ficar no martírio do drama, ficar nervosinha. Preferiu entrar numa situação da qual agora está pagando o preço. Preferiu entrar na falta de fé e se perturbou.

Há gente muito esperta nesse mundo. O povo não entra, não. Diz:

— Ah, que pena, né? Que coisa! — e vai saindo — Tá bom, minha filha, você vai dar um jeito. Cuida melhor de você. Está ruim porque você andou aprontando. Vê lá o que está fazendo com você. — E vai tirando o corpo, como se dissesse:

— Não tenho nada com isso, não. — Vai disfarçando. Às vezes, ouve um desabafo, quieto. Dá um conselho aqui, um ali. Mas quando vê que o outro põe problema:

— Ah, mas isso é difícil. Não sei se vai dar...

Já cala a boca, porque sabe que o outro está querendo pôr dificuldade. Pensa: gostaria de ver os meus parentes bem, mas são eles que arrumam encrenca.

A pessoa assim não sofre, porque é desprendida. Sabe que não pode fazer os outros se sentirem bem. As pessoas têm que aprender a cuidar de si, e a vida é de cada um. Ela não liga muito. Os outros vêm com problemas, ela ouve, mas é avoada. É sossegada. Diz que a família dela é ótima, que não tem problema. Não que a família não tenha problemas, é ela que não pega. A família até se queixa dela:

— Minha mãe é muito assim, não liga para nada. É desligada.

Ela, por sua vez, já percebeu que ficar atrás de um, atrás de outro não leva a lugar nenhum. Resolveu então cuidar das suas coisas, deixar o povo fazer o que quer e não se

222

misturar muito com os filhos. Por isso, eles não a perturbam. E como sabem que ela não liga mesmo, nem trazem problemas para casa. Vão atrás de quem é bobo.

— Ah, vou falar com a minha tia, porque ela me entende. Acho que minha mãe nem gosta de mim. — E vai perturbar a tia. Assim, a mãe fica sossegada em casa.

Quem se abala muito e carrega sempre o problema dos outros vive perturbado. O número de pessoas que carrega carga energética dos outros é muito grande neste país. Mais de 70% dos casos de perturbação, de caminhos fechados na vida, problemas de saúde sérios são devido ao fato de carregarmos a vibração dos outros em volta de nós. Com a intenção de ajudar, nós vamos nos metendo e catando as cargas.

Você acha que ser bom é ter pena e que, por isso, tem que carregar as cargas dos outros, tem que chorar junto? Vive perturbado. Bondade não é isso, porque, se fosse, faria bem. Bondade tem que fazer bem para você, não pode fazer mal.

Todo pensamento que faz você ficar aflito, nervoso, ansioso, preocupado não é bom. Por mais que ache que é bom, não é, porque faz você se sentir mal. Então, você só pode estar problematizando mais a questão.

O que é o bem? É aquele pensamento, aquela atitude que faz bem, que lhe dá força e alegria. E quando você ajuda assim, é muito bom, pelo menos para você. Não pode ser mau, porque você está se sentindo muito bem. Então é bom.

O bom é o bem. O que é bom, é bom. O que não é bom, não é bom. Vocês estão sentindo mal-estar e ainda estão achando que é bom.

— Ah, estou mal. Estou passando um pedaço com essa filha...

E você acha que isso é bom?

— Tenho que aguentar, porque sou mãe.

Mas como pode achar que é bom, se está passando um pedaço ruim? Você deve ter uma atitude errada diante desse problema. Como pode manter essa atitude, sabendo que ela está fazendo muito mal a você? Deve estar fazendo mal à sua filha também. Como pode achar bom um negócio que está doendo?

— É, mas eu sou mãe. Mãe sofre.

Mãe sofre porque é burra. Mãe que não é burra não sofre. Qualquer um que seja burro sofre.

Vocês gostam de sofrimento, não? Parece até que procuram o sofrimento. Chega o parente em casa e você vai logo perguntando:

— Como você vai?

Isso é coisa que se pergunta para parente? Nunca mais pergunte a parente nenhum se está bom. Vá logo dizendo:

— Olha só como você está bem. De carro novo? Que beleza, Deus te ajudou!

Se perguntar como está, a pessoa vai começar a desfiar o rosário, conta por conta. E como ela já vai falar de graça mesmo, então, não facilite.

224

Criar filho sem complicação

Antigamente, as mulheres criavam 15, 20 filhos e não ficavam apavoradas. Hoje, vocês põem dois no mundo e já ficam tremendo nas pernas. Queria ver se você tivesse 19 filhos, aí você se acalmava, porque não tinha outro jeito. Quando não era um, era outro.

Filho, a gente vai criando. Eles quase se criam sozinhos. Então, é só fazer companhia. Também ninguém está criando uma criança sozinho, porque Deus está com você. E se Deus está cuidando, quem somos nós para interferir no destino de cada um?

Com nossa convivência amorosa, vamos ensinando o que nós sabemos de bom. Já chega. Deus só quer isso. Se quiser alguma coisa a mais, Ele vai dar condições para você fazer a mais. Eu sei que, às vezes, você se preocupa porque precisa tomar decisão em relação a seus filhos, mas abra seu coração e espere Deus lhe mostrar.

Vocês acham uma complicação criar filho. Para que tem que aprender a jogar tênis, fazer judô, fazer isso, fazer aquilo? Você acha que seu filho vai passar a vida inteira lutando judô? Por que então está ensinando judô para ele? Porque ele não tem árvore para trepar, não tem rio para nadar, não tem como levar uma vida livre e você fica arranjando um meio de substituir tudo isso?

E para que tanto modernismo? Só torna a vida complicada. Não carece isso tudo, não. Criança quer atividade, quer o aconchego da companhia. Não sei se a gente resolveu ou está complicando mais com esse modernismo todo. O moderno é bom, mas também é bom não exagerar.

O amor é provocado

A conquista do nosso mundo interior é uma peleja grande. Estamos sempre tendo que aprender a exercitar nossas faculdades, nosso conhecimento de nós mesmos, do funcionamento da vida e de como aproveitar as virtudes que a natureza nos deu, desenvolvendo os talentos, a inteligência, o amor, o potencial de trabalho e de realização.

Todos nós estamos nesse curso, porque os imperativos da vida são básicos. Ninguém escapa do compromisso consigo mesmo. A vida põe sempre, em primeiro plano, o que é da nossa necessidade a cada momento. Mesmo quando parece que nós nos desviamos do caminho, que as coisas estão confusas, incertas ou erradas, na verdade, é só um ponto de vista. Para a vida, nada está errado, pois não há perdição. Tudo é vivência. Tudo está estimulando o conhecimento, a experimentação, que são formas de nos desenvolvermos. Só experimentando desenvolveremos nossas qualidades.

A vida está sempre cuidando de cada um. Por isso, a gente costuma dizer que não tem desamparo. Desamparo é um estado mental das pessoas que não conseguem enxergar o trabalho da vida em cada um, pois há muita ilusão. O povo diz:

— Ah, fulano está sofrendo. Deus não percebe que a pessoa precisa de uma ajuda?

Para nós, sofrimento é maldição. A vida, no entanto, criou o homem com a capacidade de sofrer, porque o sofrimento tem sempre uma função dentro dos imperativos da vida. Para Deus, a pessoa não está perdida. O sofrimento é o remédio, porque é só a partir daquela vivência marcada, profunda, que aquele ser vai se estimular à mudança e ao desenvolvimento para retornar às coisas importantes que a sua alma quer que ele retorne.

A gente enfia muitas ideias na cabeça:

— Ah, eu quero ser feliz desse jeito.

A vida, no entanto, sabe como ela vai fazer você feliz. Pois não adianta querer as coisas que você viu ou querer fazer igual ao outro. Quando chegar a sua vez, você vai ser feliz do seu jeito. Não vai ser igual a ninguém.

Para cada um, há um tipo de felicidade, uma situação especial. A vida quer que você vá para lá. Mas nós queremos corrigir a vida:

— Está tudo errado. A minha família não tem afinidade comigo. O trabalho que eu estou fazendo não tem nada a ver comigo. Eu vou mudar.

Mas a vida não deixa você mudar. No dia seguinte, você se vê fazendo as mesmas coisas.

Quanto mais você vai contra a vida, mais ela peleja para empurrá-lo. Não carece brigar com a vida. Você foi acreditando em determinadas coisas. Suas crenças então foram se tornando estímulos para a vida, que foi se revelando de acordo com seus estímulos. A vida, portanto, está seguindo grande parte da sua orientação interior.

Ninguém precisa ser pobre, mas o povo acredita na pobreza. Tem uma matemática de mesquinho, de medo, de pensamento negativo e acaba, com isso, experimentando a miséria. A natureza resolve ver se a pessoa aprende a ser econômica, a descobrir o valor de muitas coisas. Então, a vida aproveita que estamos criando aquilo para fazer daquilo a nossa lição.

A vida quer que você aprenda, que cresça, pois ela privilegia a todos. Se você acreditar na riqueza, talvez vá pelo caminho da facilidade econômica. Mas o dinheiro também pode trazer muitos problemas. E se o dinheiro acaba? Por isso, precisa saber usar, saber gastar e saber aproveitar.

Tudo tem um preço. Tudo exige do homem exercício interior. A gente fica achando que alguém é privilegiado, só porque aquela mulher nasceu tão bonita e você não. Mas a beleza tem um preço. Aparentemente, ela abre muitas portas. Fecha, ao mesmo tempo, muitas outras.

O povo vai atrás da beleza e esquece que ela é uma pessoa. No entanto, quem não é muito bonito tem uma segurança maior nas relações. Os outros se aproximam dessa pessoa pela simpatia, pelo carisma, pelos dons da alma. Tudo é conquista. A mulher feinha já percebeu que para levar alguma vantagem precisa desenvolver outros dons. Então, fica simpática, interessante.

Há as que são tão escravas da beleza que é melhor nascer feia que dói ou o homem ficar barrigudo, careca, com a pele feia. Quantos homens assim vão para a frente. Por seus valores interiores, eles são capazes de despertar mais amor numa mulher do que se fossem bonitos. Muitas vezes os homens mais amados são os feios, porque sabem que precisam ser simpáticos, precisam desenvolver seu potencial de trabalho, se realizar e ganhar dinheiro. Eles são respeitados, admirados e queridos pelo que são.

Nem sempre o que a gente chama de desgraça é a verdadeira desgraça. Ao contrário, é por meio daquilo que existe a salvação.

Se a sua vida não está completa, com tudo o que você deseja, talvez seja pela mesma razão que estou dizendo aqui. Talvez você não precise das coisas que pensa que precisa. Pois assim lhe dá a oportunidade do desenvolvimento.

Mas a briga com a vida é feia. A gente quer comodismo, quer a realização de todas as nossas necessidades, quer ficar no conforto, na mordomia, só quer o bem-bom. Aí, há o perigo de a pessoa emburrecer. Se ela ficar no mimo, na facilidade e não tiver maturidade, vai se atrofiar.

Muitas vezes, a vida dá tudo para ver como a pessoa vai se virar. Se ela é incapaz de sustentar aquilo, cai no mimo, na depressão, fica acabada, perdida, vazia, sem alma. Vai apagando a luz da alma. De repente, ela percebe que se não se mexer e se não começar a trabalhar, ela vai se apagar. Não estou dizendo que ter tudo é ruim. Mas que é ruim ter tudo sem a pessoa ter condição de aproveitar aquilo de forma positiva. Quem sabe você não tem porque Deus o está protegendo, sabendo que iria ficar pior se tivesse. Vamos refletir se a gente tem mesmo capacidade para ter tudo.

Se você tem alguém que faz as coisas para você, logo joga na mão do outro? Então, minha filha, você não tem maturidade para ter tudo na vida. Vai ficar terrível, vai ser pior para você. Mas como tudo é lição, um dia você aprende a valorizar o seu potencial, pois quem faz por si está fazendo por crescer e por merecer. É bom ter as coisas, mas que elas nos façam o bem.

Se a gente quer o amor, se quer crescer na carreira, se quer dinheiro é porque a gente quer o bem. Mas o bem de vocês, muitas vezes, é se afundar no poço de lacidão, de vagabundagem. A vagabundagem é um abandono interior. Você não faz mais nada, suas qualidades vão se atrofiando e vai se abandonando. Isso se reflete no vazio, no tédio.

Você pode continuar no empenho das suas conquistas. Não quero desanimar ninguém. Mas se você perceber que está muito complicado, fique calma, quieta. Reflita bem se essas coisas são para você agora. Se, na sua vida, não tem outras coisas que você está deixando de lado e se elas não são mais importantes.

Se a vida já lhe trouxe essas coisas é para trabalhar nisso, para viver isso e para crescer disso. Aguarde com paciência que, no futuro, quando certas coisas já estiverem completas, essas outras acontecerão. Não corra, não se impaciente, não fique brava com a vida, não se decepcione, não se machuque, porque isso é perda de tempo. É dor e sofrimento para você aprender que com a vida a gente precisa ser passivo, ser amigo dela, precisa usar a inteligência para compreender seus mecanismos.

Não adianta brigar, não adianta exigir nada de ninguém, não adianta se revoltar porque isso só dá confusão. Não chega aonde você quer. Então, por que está nessa revolta com o mundo? Está muito difícil decidir aquilo na sua vida? Você faz, faz e não chega a um resultado? Quem sabe não é para você decidir nada. É para largar mão. Mas movimente a sua vida. Não fique na vagabundagem. Vá fazer alguma coisa no possível, abra caminho. Construa alguma coisa com o seu potencial, sem medo de ser quem você é, sem medo de enfrentar a sua verdade.

Quem teve muito na vida e perdeu dificilmente se recupera e é humilde para recomeçar de baixo. Mas tem gente que é. São pessoas que vivem do grande conforto interior. Não desanimam, porque sabem que tudo é aprendizagem.

O bom mesmo é a gente estar bem por dentro, pois, se esperar as coisas de fora estarem bem, a gente não vai ficar bem nunca. Então, vamos logo ficar bem por dentro, porque por dentro eu mando no que eu quero pensar, no que quero provocar em mim. Nada é espontâneo dentro de nós. Tudo é provocado pelo pensamento, pela atitude que você tem na vida. Conforme o que você quer acreditar, conforme o que acha que é certo, você tem uma reação interior. As pessoas dizem:

— Ninguém manda no amor.

— Não é assim, não. O amor é provocado pela nossa mente. Se não fosse assim, a gente não amava alguém que diz que é errado.

— Ah, gostava tanto dessa pessoa, depois me decepcionei.

231

— Se você tivesse visto claro, desde o começo, que ela tinha esse defeito, nem iria amar. Mas como não viu, se deixou amar.

O amor pode ser provocado por qualquer um a qualquer hora. Se a gente não é ruim, provoca uma simpatia por qualquer indivíduo. Claro que há alguns que nos tocam mais fundo, mas não significa que você não possa sentir amor por qualquer um.

A gente, na verdade, dá muita importância para a ação e muito pouca para o coração. Estamos esquecendo que quem faz a ação é o coração. O coração é feito pelo pensamento, pela atitude. É na atitude que a gente governa o nosso mundo interior. Se não quero pensar mal de mim ou dos outros, eu me preparo para ter bons sentimentos por mim e pelos outros.

Amor não é espontâneo. Amor é potencial que se desenvolve, que se educa, que se enobrece e que se requinta. Existe uma maneira de amar primitiva e uma maneira sofisticada. Se existe essa diferença é porque existe entre as duas a aprendizagem, o desenvolvimento e a prática; e quem faz isso é você. Então, não fique esperando o amor de graça vir, porque não vem. Amor precisa ser provocado, precisa ser estimulado na fonte.

Você é uma pessoa amável para ser amada pelo outro? Seu comportamento é bom, é límpido, sem julgamento e sem crítica? Você tem amor, delicadeza e respeito? Você provoca?

— Ah, não vejo o dia em que aparecer aquela pessoa maravilhosa na minha vida!

— Se você não é maravilhosa, como pode aparecer uma pessoa maravilhosa? O que você espera?

— Ah, não sei como fui casar com esse homem!

— Casou, porque ele é igual a você.

— Mas nós somos tão diferentes de gênio. Ele é parado, tão quieto, e eu sou tão atirada.

— Os dois são egoístas. Um quer perturbar a vida do outro. São iguais na essência, o nível de evolução essencial é o mesmo.

232

Saia da panca

Está tudo bom na vida. Não sei se você tem medo de que fique tudo bom, mas está tudo bom. Tem gente inquieta, que acha que se ficar tudo bom, vai cair na moleza, vai ficar meio boba. Aí uma porção de coisas ruins irá acontecer. Acredita que é perigoso usufruir o bem, a serenidade e não ter problema nenhum.

Pode ser esse o seu caso. Sei que você quer muito as coisas boas, mas será que você sustenta o bem? Por exemplo, a gente luta tanto para ser livre!

— Ah, não quero mais ninguém pegando no meu pé. Quero ficar à vontade. Não aguento mais isso, não aguento mais aquilo — diz você.

— E um dia fica cheia e resolve largar tudo. Você ficou livre. Mas, por quanto tempo você vai conseguir manter a sua liberdade? Daqui a pouco, você começa:

— Ah, falta alguém na minha vida. Não tenho ninguém. Não tenho isso...

Começa a procurar problema. Logo quer alguém para segurá-la no colo. Vê bem, então, se você quer manter a sua liberdade.

233

Como é bom a gente poder pensar nas coisas boas da vida. Como é bonito ver as pessoas que sabem chamar as forças espirituais positivas. Tem tanta gente falando de Jesus. Coisa bonita viver com Jesus, procurar a força, a inspiração, a cura e a renovação nas Energias Crísticas.

Por séculos, essa energia vem se provando capaz de atuar na vida em benefício de todos nós. Cristo é um conjunto de forças intensas da natureza em nós. Mas tem gente que pensa que Cristo é dele. Olha, Cristo é de qualquer um: da mulher adúltera, da prostituta, do homossexual, do pobre, do rico. Você não vai conseguir prendê-lo na sua igreja. Não queira dizer que é seu. É pretensão da sua parte. Vamos parar de ver as diferenças, pois o ser humano não tem diferença nenhuma.

Você pode estar com a Força Crística a hora que quiser. Ela está em todos e cabe a cada um de nós despertar para ela. Despertar e conseguir estar na posição em que faça com que ela flua na nossa vida, para apreciar os mandamentos da paz, do bem humano, não do egoísmo, da nossa cobiça ou vaidade.

Todo mundo quer ser o maioral e quer impor a sua verdade sobre os outros. Mas vou avisar que Cristo não é de ninguém, nem de protestante, nem de crente, nem de espírita, nem de católico. Cristo é dele. Deus também é de qualquer um: de uma baratinha, de uma minhoca, de tudo. Pare de achar que é seu. Se começar com essa empáfia, você não vai a lugar nenhum. E a verdade? É de qualquer um também: do ladrão, do criminoso. Pois todos são irmãos, queira você ou não.

Não adianta ficar com raiva da sua inimiga. Ela é sua irmã. Ela falou mal de você, é? Ela deu aquele telefonema anônimo, disse aquelas besteiras na sua casa e você ficou desequilibrada, lembra? Não foi isso? Mas ela é a sua irmã.

— Aquela víbora?

— É a sua irmã. Você vai ficar morando com ela neste planeta, queira ou não queira. Não tem saída. Você vai ter que aguentar a hipocrisia dos políticos. São seus irmãos também. Todos são iguaizinhos.

Vamos sair da ilusão? Vamos entrar na realidade? Todos são irmãos e merecem o respeito e a consideração que você daria a qualquer um dos que chama de "seu nível". Vocês inventam que há pessoas de nível e pessoas de desnível. Que coisa esquisita! Vocês estão redividindo a natureza. Mas tudo é farinha do mesmo saco. Não tem o saco dos que são bons e dos que são ruins. Está tudo misturado. Também não tem esse bom, bom, bom que vocês querem passar, nem esse mau, mau, mau. Na natureza de Deus não tem.

Baixa a panca, que você vai levar um tombo já. Brigou com o marido porque ele não faz isso, não faz aquilo? Brigou com a mulher porque ela é chata, ciumenta? Saia da panca. Não queira brigar por opinião. Sua opinião não vale nada. Sua palavra menos ainda, homem. Seja ninguém, se você quer a proteção das forças espirituais superiores, se você quer Cristo, Deus e a prosperidade dessas forças a impulsioná-lo, a lhe dar coragem e a abrir os seus caminhos, quer mesmo? Então saia da panca. Pare com isso.

— Ah, mas eu não faço nada.

Mentirosa, pois quem diz que não faz nada é porque não está nem vendo o que faz.

— Mas eu não faço nada errado.

— É, você é a certinha. É a pior criatura desse mundo. É só panca: não tem ódio, não tem raiva, não tem fraqueza. Ela é tão boazinha, faz tudo direitinho! Ele é tão bom, tão honesto! Falso! Neste mundo que o povo perturba a gente, que vive alfinetando a gente? Se for assim, você está no planeta errado. Vou dizer a Deus: você está errando com aquele lá. Olha como ele é evoluído. E Deus vai responder:

— Calunga, olha bem. É tudo fingimento. O coração dele está vazio. Ele está só na vaidade, querendo que todo mundo o ache maravilhoso.

Não dá mais para continuar com toda essa pose. Mas, de qualquer maneira, a gente está aqui embaixo da escada, esperando você cair. E não me venha contar as suas tragédias, porque eu não vou ficar chorando.

— Ah, Calunga, ele foi embora, me deixou com as crianças. E o que vou fazer agora?

— Trabalhar, né, minha filha? Como vocês sofrem por causa de amor! As maiores reclamações que eu recebo são de amor, de doença ou de desemprego. São os três problemas mais comuns. É uma coisa esse povo vagabundo que não arranja o que fazer!

— Calunga, não acho emprego há quatro anos. Estou passando fome.

— Pegue um paninho e vá se oferecer para lavar carro.

— Mas, eu sou engenheiro.

— E daí, seu engenheiro pobre? Vá lavar carro, vire gente.

Serviço, não quer, porque tem pose.

— Mas eu não estudei para ficar lavando carro.

— Então, morra de fome, seu burro. Por que você está aí sem emprego? É para acabar mesmo com essa vaidade besta.

Estou aqui embaixo da escada, esperando você cair. Já, já você vai cair dessa pose. Cai, sim, cedo ou tarde.

— Ah, será que meu marido vai voltar?

— Espero que não, francamente. Deus não vai fazê-lo voltar para você ficar nessa mordomia, nesse apego.

— Faz cinco anos que estou depressiva, porque meu filho morreu.

— Que pena, você ficou sem apoio. Como você é ruim. Deus precisa fazer tudo para você ficar feliz, senão fica revoltada e depressiva. É, filha, depressão é revolta. Mas, quanto mais alta a escada, maior o tombo. Não tenho medo de ofendê-la. Só orgulhoso fica ofendido.

Eu não quero subir escada nenhuma, não quero ficar na panca. É duro manter a panca:

— Ah, fiquei chateada com o que aconteceu no escritório...

— Você levou um tabefe porque pôs a cara. E os homens barbudos? É só falar uma coisinha que já ficam

236

ofendidos. Esse povo pensa o quê? Que tem o rei na barriga? Os bichos vão comer tudinho. Fique aí na vaidade, perdendo tempo com besteira.

— Ah, estou velha!

— Como a vaidade judia das pessoas!

— Ah, tenho problemas!

— E daí? Por que você acha que não pode ter problemas? Você não é melhor que ninguém.

É a pessoa que não está acostumada a ficar com tudo bem. Isso é só para quem tem a cabeça boa para usufruir o bem das coisas. Pois, na modéstia, a gente vai usufruindo o bem.

Quem procura...
...sempre acha problema

O primeiro mundo tem muita coisa boa, mas o terceiro mundo também tem suas vantagens: muito sol, muito samba, muitos médiuns, muita espiritualidade. Acho que aqui também está muito bom. Claro que economicamente e moralmente tem seus problemas sérios, pois a crise espiritual é muito grande. A crise, na verdade, não é econômica, é espiritual.

A gente vai enfrentando, porque tudo isso é passagem da sociedade, é evolução de todos, é necessidade de vivência e aprendizado. Mas a gente não vai se deixar rebaixar na tristeza e na depressão por causa disso, nem desmerecer o nosso país nem a oportunidade de estar aqui, de usufruir e de trabalhar por ele.

A necessidade é muito grande, mas nós vamos solucionar tudo isso. Se Deus quiser, nós vamos conseguir, e já estamos melhorando. Mas está tudo bom. Você acha que não? É porque você procura problema. Pare de procurar, que você acha. Não fique pensando nos problemas emocionais, nas brigas. O sofrimento está sendo todo feito na sua cabeça. Não faça isso.

Esse mundo está cheio de oportunidades de rir, de fazer coisas boas. Procure o caminho mais leve, o caminho mais fácil. O que você não pode resolver, largue na mão de Deus. E você pode fazer muita coisa. Pode fazer mais do que você pensa, se parar de se lamentar e passar a ver as virtudes e as qualidades de tudo.

Como é que você espera ter sucesso, alegria na vida, dinheiro, felicidade, amor, se só vê problema? Mal começa a namorar, já vê problema. Começa um trabalho novo, já vê problema. Tem um plano, uma ideia boa, e já vê problema. Como é que você acha que vai acabar? Tudo, tudo encruado que nem angu. Fica todo mundo fazendo isso e você acha que o país pode andar bem? Todo mundo gosta de complicar.

A vida é tão simples, minha gente! Você está num país onde a simplicidade deveria valer mais do que qualquer coisa. Tem sol o ano inteiro, o clima é fácil, tudo é fácil. Por que o povo tem que ser complicado? É tudo coisa da cabeça. Não tem problema nenhum. Mas você fica aí:

— Ai, que difícil! Será que eu consigo? Ah, isso não é para mim... É só para quem pode.

Se você quiser mesmo, vai. Mas prefere ficar aí parado, se lamentando, se queixando, sem solução. Isso é um veneno, porque destrói a sua vida, destrói a sua saúde. Não faça isso. Mas, se fizer, lembre-se de que a responsabilidade é sua.

Eu estou querendo levantar você. Mas será que você vai se levantar? Eu só vou procurar o que é bom. Chega de desgraça. Vamos tirar os dramas da cabeça, vamos ser positivos, vamos rir? Tudo passa, minha gente. Não se prenda às besteiras da vida. É assim que eu quero vocês, de pé. Quero ter orgulho do povo brasileiro. Eu estou positivo. Não desisto de vocês. Você pode ficar meio ruim, mas nós, aqui do astral, não vamos desistir de vocês, não.

Às vezes, você vai precisar de uns tapas para acordar, mas a gente dá com carinho. Então, não faça corpo mole. Vamos ser esportistas na vida, pois o primeiro esporte do homem é a própria vida. Precisa de exercício, de prática, de desenvolvimento das suas habilidades para não perder as partidas, pois queira ou não queira, você é jogado na arena.

Nós somos um time para jogar no campo da vida e ganhar sempre. O bom jogador ganha sempre, porque ele sempre tira proveito com a sua alegria e com o seu bom humor.

Para se autoestimular

Sem amor no coração ninguém vive. O que a gente faz nesse mundo? Nada. É uma secura! Que coisa triste a pessoa que não ama nada! Só pode ser uma doença. Não é da natureza, não é de Deus isso de o povo não ter nada no coração, só queixa, só depressão. Só procura problemas. Procura sim. Não é o problema que procura a gente, mas a gente que procura o problema. Fica olhando os defeitos dos outros, fica procurando onde está o erro, fica procurando o ruim. Também, fica aí nessa depressão.

Ah, como é bom o amor! Por qualquer coisa, vale a pena ter amor. Por qualquer coisa que você sinta ou que goste. Pode ser um cachorro, um livro, uma criança, uma pessoa presente ou distante. O bom é sentir na carne o amor. Como cura a gente! É só ficar pensando nas coisas queridas, nos momentos que fizeram você ficar bem, gostoso.

Muitas vezes, o amor é provocado pelos outros que nos estimularam com um presente, uma compreensão, um olhar de piedade. Enfim, algo que alguém provocou. Às vezes, a gente não faz nada para provocar esse carinho, porque tem muito medo de amor. Não gosta de confiança, de intimidade.

E por que será que a gente não gosta de intimidade? É porque basta um pouco de intimidade para a gente se esparrelar todo, sem saber ter disciplina e respeito com a gente e com os outros. Assim a gente não tem condições de ser íntimo. Fica promíscuo. Muita gente tem esse problema, porque ainda não aprendeu. Então, fica na secura do afeto e não ama nem a si mesmo. Se você tem muito medo da intimidade é porque ainda não se sente preparado. Mas consigo mesmo não tem perigo em se olhar com calor, como se estivesse se abraçando.

— Ah, mas isso é bobagem, Calunga.

Você não sabe que essa atitude interior estimula as glândulas, modifica o metabolismo e faz com que a saúde, não só a física, mas a mental e a emocional sejam geradas? Se você está sendo ruim com você há muito tempo, um pingo de amor faz um sucesso muito grande.

A pessoa costuma dizer:

— Ah, eu ando muito nervoso. As coisas não vão bem. Estou muito perturbado...

Aí eu digo:

— Mas você tem dado amor para você? Sua natureza está revoltada. Será que não está se judiando por causa da sua vaidade, para parecer muito "bacanuda"? Olha, você é preciosa para você. Você é seu grande tesouro. Não tem ninguém mais no mundo, a não ser você. Os outros são passageiros. Claro que é importante a amizade, mas com a gente é mais importante ainda. Precisa ter um pouco de amizade, sem esnobar você. O nome disso é modéstia. Não é fingir que não tem o dom que você tem:

— Ah, quem sou eu? Imagine! — Isso é falsa modéstia.

Modéstia é você se aceitar como é, ter carinho e admiração pelas suas virtudes, reconhecer os seus esforços, observar os seus motivos, respeitar os seus limites, falar consigo com carinho e sempre se estimular. Como é importante a gente se estimular, pois o ser humano só trabalha por estímulo. Como você se autoestimula?

Estimular-se é ligar os aparelhos glandulares, os centros de força que formam as correntes magnéticas que dão o alto-astral; que dão o mecanismo de proteção ao ambiente, de arrecadação de recursos para a satisfação de suas necessidades, ou seja, para atrair o que você precisa para ter equilíbrio interno; expulsa de dentro as coisas antigas, velhas, inadequadas para o momento; fornece a abertura das portas dos mecanismos da inteligência superior, que se manifestam com ideias criativas; abre e estimula os canais da vocação, dando a clareza dos seus objetivos, daquilo que você precisa para preencher e realizar-se. O alto-astral é a conexão perfeita estimulada de nosso sistema energético. São as correntes energéticas, as glândulas físicas e as 21 glândulas do corpo astral que funcionam constantemente a partir da atuação interna.

Como você se estimula? Você se põe para cima? Não superior aos outros. Se achar melhor que os outros não é se estimular. Isso resolve um pouco seu sentimento de inferioridade. Mas como lá em cima ninguém está, um dia você cai. Não se diz que quanto maior a escada pior o tombo?

Colocar-se para cima não é tentar ficar acima dos outros. Eles são paralelos, não estão mais atrás nem mais à frente. Deus, Jesus, todo mundo é paralelo.

Colocar-se para cima é estimular as próprias virtudes. Como a gente faz isso? Se você tem dificuldade, pode lembrar tudo o que já fez de bom.

— Ah, já consegui isso. Já fiz isso, já fiz aquilo. Já recebi tantas graças de Deus!

— Vamos contar as graças?

— Deus me ajudou tanto! Trouxe um emprego bom. Me trouxe uma empregada boa...

Vá se estimulando a ver sua vida cheia de bênçãos. Nessa hora, não interessam as porcarias, os erros, só os ganhos, os lucros. Você vai se enchendo de lucro. Estimule a memória do bem que você fez e também do bem que deu. Ah, como é bom o bem que você deu.

— Eu ensinei aquela pessoa a fazer isso, eu levei um parente ao médico, eu limpei a minha casa... Tudo de bom que você fez. Estimule o seu bem:

— Ah, que boa que eu sou!

Ponha bastante emoção para se estimular, para acender as glândulas e ativar os hormônios.

Outra coisa para estimular você é achar que precisa fazer as coisas com capricho. Faça tudo com capricho. Há uma diferença entre fazer com perfeição, que é coisa da vaidade, e fazer com capricho, que é coisa da humildade, do prazer de viver. Como você é uma pessoa maravilhosa para si mesmo, não vai se deixar avacalhar.

— Eu, fazer porcaria? Nem morto. Eu mereço o melhor. Eu vou me promover. Vou ficar um experto no que estou fazendo. Quero saber fazer bem-feito. Quero capricho. Quero olhar para o que eu fiz e dizer: isso sou eu.

Se você está no baixo-astral é porque não está fazendo as coisas direito. Você não é boa empregada. Tem coragem de afirmar para si mesmo que é uma péssima empregada, além de ser uma péssima amiga para si mesma?

É preciso ter coragem e humildade para viver no alto--astral com segurança. A gente precisa ver que está se pondo no chão e precisa levantar. Cada dia e cada momento é uma oportunidade para levantar. Mas é preciso ter humildade para ver que você está fazendo errado. Você tem que respeitar o seu tempo e a sua quantidade de ação.

Se uma pessoa tem muita energia e não preencher o seu dia inteiro, vai ficar ruim da cabeça. Se passar disso, também vai ficar ruim. Tem um tanto que você precisa respeitar. Os outros dizem:

— Nossa, quanta coisa você faz! — como quem diz: você está errada.

— Mas você não pode escutar os outros. Precisa dizer:

— Eu sou ligeirinha, mesmo. Não gosto de ficar parada. Tudo o que eu faço é com capricho. Que diferença tem férias de trabalho? Nenhuma. Tudo o que eu faço é pela minha promoção interior. Eu só tenho a ganhar.

Com isso, aumento o mérito. Eu mesmo reconheço o meu mérito. O que acontece? A vida só lhe traz coisas meritosas, pessoas meritosas à sua volta. Você conquista e realiza.

Mas esse povo é muito parado. Fica criando problema na cabeça só para não trabalhar. Serviço malfeito tem de monte. Se esse povo se valorizasse mais e exigisse de si, porque precisa exigir, teria mais sucesso.

Há dois tipos de cobrança. Tem aquela autoritária, que as pessoas fazem sem que você tenha assinado nada, e tem as verdadeiras. Você precisa saber escutar. Na verdade, a gente é negligente com os nossos compromissos e depois acha que é ruindade ser cobrado. Tem as cobranças que a pessoa exige que você seja o que ela imaginou.

— Puxa, pensei que você fosse assim, assim... — Essa é a falsa cobrança, que a gente não dá crédito.

Se você, de livre e espontânea vontade, assume o compromisso de fazer um trabalho bem-feito, a sua voz interior lhe cobra isso. Ela está ali para estimulá-lo, para lembrar seus objetivos. "Cuidado, você não está fazendo o que prometeu." Às vezes, você fica com raiva, mas você mesmo assumiu isso. Precisa respeitar e saber não ser negligente, para ter responsabilidade sobre si. Fazer direitinho como planejou para não perder a confiança em si.

Se hoje você não tem confiança em si é porque já fez corpo mole e não empurrou-se até onde prometeu que deveria ir.

— Ah, segunda-feira eu faço. Depois dou um jeito...

— Vai largando. Fica achando que você é muito flexível. Não, isso é baderna. É desordem. E desordem gera desordem glandular, física, atrai confusão na sua vida. Você não é obrigada a se impor uma meta, mas, se fizer isso, você vai cumprir. Precisa manter a sua palavra consigo para manter a confiança em você. Senão vai ter confiança em quem? Nos outros?

Será que você não está devendo para si? Vamos pagar para nós o que nós devemos. Se você quer desistir de um objetivo, tem direito. Então, o sistema de pressão vai ceder. Mas, se não tomar uma decisão clara e precisa na sua consciência, essa voz vai continuar infernizando:

— E isso, e aquilo, você não fez? Precisa fazer...

Ela está ali para empurrá-lo, porque você é preguiçosa. Então, vamos trabalhar para o nosso astral ser alto, para conquistar o que a gente precisa sem cair, sem se perder.

246

Viver é correr riscos

A gente vai na fé de Deus, de que Ele vai prover o amanhã. E vai, no dia a dia, procurando fazer o melhor, recebendo a dádiva de satisfação de cada dia. E não penso muito, porque se a gente pensar muito não faz nada. Ah, não faz. O que tem de gente que não está fazendo nada do que precisa, porque fica só pensando, pensando. Há gente que está há anos pensando.

Pensar desse jeito é uma doença, pois o pensamento é uma coisa tão útil, tão inteligente, tão bonita! Mas as pessoas, às vezes, se embaraçam nos próprios pensamentos, porque não sabem usar os miolos. O pensamento é um truque, uma ratoeira, porque, se você não tomar cuidado, fica preso. Fica cheio de dúvidas:

— Será que eu vou fazer isso e não vou sofrer? Será que vou fazer aquilo? E se fizer e, depois, não der para voltar atrás? Como vou ficar?

Olha, minha gente, não adianta. A vida é um risco. Quando você dirige, você está arriscando. Quando você vai comer num restaurante, está arriscando, porque não sabe o que enfiaram na comida. Mas você arrisca, não é verdade? Cada vez que vai atravessar uma rua, você arrisca. Você que cozinha, pega na faca e nunca se sabe, pois você pode se cortar, pode se queimar no fogão.

Risco tem a toda hora. Se está convivendo com o povo, tem o risco de ser maltratada, ignorada, mal-entendida. Risco, a gente tem mesmo. Não tem outra escolha. A vida é assim para todos. Então, o que a gente faz? Não pensa muito e vai metendo a cara.

Risco sempre tem. Se você pensa que vai deixar de tomar essa ou aquela providência na sua vida — e precisa tomar, porque você está insatisfeito —, então você para e fica pensando: não vai dar certo. Como vou fazer? Uai, como é que você sabe como vai fazer se não aconteceu ainda? Não sabe como vai estar a sua cabeça daqui a 20 anos nem daqui a cinco dias. Nunca se sabe.

Se você ficar pensando no futuro, não vai decidir nada. Então, minha gente, não insista em pensar no futuro. Não insista em descobrir uma coisa que está coberta. Se não aconteceu ainda, como é que você pode saber? Claro que você acumulou experiências e, baseado nelas, toma precaução em alguns pontos. Mas o povo fala:

— Ah, tenho dúvida.

Quer dizer, não quer nem ver que isso existe. Será que a vida vai ter que dar um supetão para ver se você vai? Você é daqueles que só vão no tranco? Só quando a corda está mesmo no pescoço é que você resolve pular do banco? Precisa ter um acidente de carro e quase morrer para você perceber?

— Ai, meu Deus, preciso fazer alguma coisa com a minha vida.

Não esquenta, não, minha filha. Levante logo, senão vai ficar com muito calor por baixo. Vamos movimentar. Vamos para a frente. Faça o melhor que você sabe hoje; o resto, Deus dá. O que sinto agora é isso. Minha vontade agora é muito forte. Vou me arriscar, pois quem me garante é Deus. Eu vou me segurando Nele. E vai. Pode ter um pouco de medo, mas vai. Está insegura? Mas vai, porque você também não vai ganhar segurança se não tentar. Não vai descobrir a vida, nem as chances que você poderá ter, se não tentar.

Deus meu, como a vida é boa! Ela dá tantas chances! Você tem tanto apoio da vida! Ela o sustenta, sempre. Também ela não vai fazer o que você precisa, porque aí já é demais. Tem a sua parte e é você que não está fazendo direito, porque a vida está aí para sustentá-lo. Claro, a vida é o sentimento de Deus. E Ele está sempre do seu lado, porque você é filho Dele. Será que não é você que está contra?

Desconfiar é bom, mas não de Deus. Desconfiar dos homens, que são relativos e que têm uma série de problemas. Você pensa que você é esperto? Pois você está sofrendo de paralisia interior, mental, emocional, das forças de ação. É como o povo que anda só na cabeça: pensa, pensa, preocupa, pensa, preocupa. É aflição em cima de aflição. Mas não larga o medo:

— Ai, ai, não sei.

Que coisa triste! Se você não acordar, vai doer quando acordar no tranco. Então, vamos para a frente, vamos nos arriscar. Não tem nada melhor mesmo. E não vamos pensar em medo, não.

— Ai, será que vai dar certo?

Que pergunta boba! Perturba a sua mente, o obsedia. Sei lá se vai dar. Quando chegar lá, vou ver. Vou indo, vou prestando atenção, porque quero fazer direito. Mas vou e vou ver o que é que dá. Solte-se. Largue-se na vida, porque é ela que vai levando. Faça sua parte. Não fique contra a vida.

Você tem tanto medo de se arriscar e aí pega uma doença e fica na cama. Que bobagem! Acho que você está de mal com Deus, com a própria vida.

— Ela me trouxe muita desilusão.

É porque você não quer assumir a responsabilidade sobre a ilusão que você fez. Uai, pense nisso. Alguém tem que dizer isso para você ter, pelo menos, a oportunidade de tomar uma outra alternativa, porque ninguém pode fazer por você.

249

O mundo é dos fortes

É preciso libertar a nossa alma perdida, libertar o que está preso em nós, recuperar a coragem de ser nós mesmos, de vir para fora e de viver a vida na sua extensão, com todo o nosso coração.

Esse negócio de ficar preso e amedrontado é uma coisa muito séria. Tem muita gente pamonha, fraca, com medo de tudo, das pessoas, da maldade do mundo e, por isso, não vai para a frente. Não faz o que quer nem o que precisa fazer. Fica enrolando, criando problemas na cabeça e empecilhos para se desenvolver.

Todo mundo já sofreu a desilusão afetiva ou com as pessoas em volta. Quem de nós pode dizer que nunca sofreu? O mundo, de certa forma, acaba nos decepcionando muito, porque nós, na nossa ingenuidade, criamos muita ilusão. O mundo não é fácil, não é para quem é fraco.

Também é assim na natureza: os seres mais fracos não sobrevivem. É a lei da natureza: só sobrevive o mais forte, seja pela robustez ou seja pela inteligência. Todos procuram, de uma forma ou de outra, desenvolver seus talentos e potenciais. A planta pequena consegue se tornar parasita e subir na árvore para tomar sol. Os animais e os insetos procuram, por meio

250

da inteligência ou da força, aprender a se dissimular dos seus predadores ou a caçar e a pegar suas presas.

Entre os seres humanos é a mesma coisa. Só os mais fortes conseguem sobreviver. Quem é fraco, pamonha, não aguenta, não. O pamonhão tem medo de tudo: medo de perder o emprego, medo de ficar sem dinheiro, medo de que o povo fale mal. Quem fica muito impressionado, querendo fazer pose, não fala o que precisa falar, não enfrenta o que precisa enfrentar, é um coitado.

— Ah, fui ver um filme e me impressionei. O fulano falou e aquilo ficou na minha cabeça.

Êh, pessoa pamonha, não vai sobreviver, não. Vai acabar louquinha, doente, jogada num canto.

Não vá dizer que a natureza protege, porque só vejo proteger quem é corajoso e mete a cara, quem arrisca, quem fica firme e não cede às bobagens dos outros, quem enfrenta a desilusão com coragem, quem se posiciona com firmeza, quem usa a própria força e não fica aí molengando. Esses sobrevivem, porque passam por cima de tudo e conquistam o que querem. Aí fica o povo em volta:

— É assim rico, mas também é um homem tão malvado, tão isso, tão aquilo!

Mas não estou vendo a natureza judiar dele. Estou vendo que as coisas estão indo bem para ele, e para você, estão uma porcaria. Será que a sua análise está certa? Você está aí sofrendo, e o outro, não. Ele está bem e você está aí nessa vida dura.

Você há de convir comigo que pamonha não tem vez, que essa bondade pamonha também não serve para nada. Estou cansado de ver a mãe pamonha, bobona, que faz tudo o que o marido e os filhos querem, vive preocupada com tudo, carrega o problema de todo mundo nas costas, corre de um lado para o outro. Como os parentes judiam e como a pessoa sofre!

Não tem tempo para nada, nem para respirar, esquece até de si mesma e fica uma porcaria, vira um trapo humano. Depois, os filhos crescem, casam e arranjam problemas. Voltam para casa e jogam tudo na mão dela, do pai. E ela, pamonha, fica com medo de ser firme com eles:

251

— Vocês vão se virar na vida. Já cumpri a minha obrigação. Agora vão se cuidar e não me tragam problemas para casa.

Não diz, porque é pamonha.

— Ah, coitado do meu netinho. Vou dar uma mão para a minha filha. Ela largou o marido e está lá em casa com os três filhos...

E fica em casa, lavando roupa até da filha. Que vergonha! É até uma afronta.

Vocês arranjam as encrencas de namorado, se juntam, casam e, depois, ficam no desespero. Aí, vão atrás dos pais. Que falta de respeito com os pais! Também eles não ensinaram a respeitar. Por isso, vocês abusam. Como está tudo errado nesse mundo!

Esse povo ainda reza. Imagine se Deus vai ouvir prece de gente pamonha. Vai nada. Vejo que Deus não mexe uma palha. Por que será que, às vezes, Deus não atende? A gente pede, pede, mas Ele não faz. Vou contar: *Deus não faz o que você tem que fazer.* Deus já lhe deu conhecimento e força e, até onde deu, Ele não vai fazer. Esse problema da filha é para você resolver do seu jeito, como manda o seu coração. O que você sente?

— Ah, estou cansada. Só estou fazendo porque é meu dever de mãe. Tenho pena, porque ela não tem para onde ir.

Então, aguente quieta. O dia em que resolver fazer do seu jeito, vai pôr a filha para fora com as crianças, com as mamadeiras, com tudo. A filha vai ter que se virar, porque esse mundo é igual para todo mundo. É para você resolver com a sua força, com o seu impulso. E assim vai.

Mas vocês ficam aguentando o empregado vagabundo na firma.

— Ah, porque é um coitado.

Ficam aguentando esse pessoal que não quer aprender a trabalhar direito, que não quer fazer por merecer, em vez de mandar logo embora. Para ter salário, precisa fazer por merecer, ser bom no que faz, ter um pouco de hombridade, de dignidade no serviço.

Se para você está difícil arranjar emprego, vai ver que é vagabundo. Você não vai dizer que é, mas que ganha uma mixaria. É o que você vale. Não adianta ficar bravo comigo. O que vai resolver o seu problema de ganhar mais é você se dar valor, fazer seu serviço melhor. É erguer a cabeça e perder o medo do mundo e ver que, para ganhar mais, precisa ter mais talento. Precisa procurar crescer nos seus potenciais para valer mais. Precisa ser mais esperto, mais forte. Precisa abraçar o mundo com mais coragem e não ficar encolhido, com medo disso ou medo daquilo.

Ah, você acha que já sabe muito? Mas quem é que sabe muito? Ninguém sabe o suficiente. Que esforço você faz para aprender? Não está fazendo nada, mas acha que se mata demais. Por que você está aí e o outro no bem-bom, ganhando muito mais que você? Nunca se perguntou: o que o outro tem que eu não tenho? Precisa observar a vida. As chances são iguais para todos. Nós nascemos e esquecemos o passado, porque Deus dá as mesmas chances outra vez para todo mundo.

— Mas a minha família é um bando de gente igno-rante, que não me deu força.

Foi você que atraiu isso, porque já era uma porcaria antes de nascer. Então vamos tomar jeito agora. Não é porque você nasceu numa família com uma série de limitações que tem que ser limitado para o resto da vida. Quantos exemplos há de pessoas que não se conformaram com essa condição? Nessa hora, é até bom não ser conformado, ser revoltado, ter ódio da pobreza e dizer:

— Eu vou me levantar. Também vou conseguir, porque não quero ficar aqui embaixo.

No mínimo, você vai melhorar, pelo menos um pouco.

— Ah, mas é duro.

E fica na revolta. Mas essa revolta sem ação, que não leva para a renovação, não serve para nada. Só para amargar, para estragar seu fígado, seu estômago.

Se você não aprender a se libertar da sua peque-nez, fantasiada de coitadinha, não vai abraçar no mundo tudo o que tem para abraçar. Vai ser um fraco e a natureza vai

253

judiar dos fracos. Você vai sofrer até o dia em que resolver se levantar e quiser aprender.

As portas não estão fechadas. A natureza está aí, pródiga, ampla, favorecendo sempre aqueles que se posicionam com firmeza, com convicção. As coisas são mais fáceis do que você pensa. É você que fica aí com os miolos murchos. Mas vá tomando uma outra atitude, sem medo do amanhã, para você ver. Deus já provou tantas vezes que lhe dá ajuda, mas não vai dar ajuda para a sem-vergonhice. Você é fraco porque não usa as forças que Ele lhe deu. Usa as forças para se proteger, para se esconder, para ter medo dos outros, da maldade que fazem para você.

Está na hora de parar de se impressionar com o mundo. Esse pessoal aí faz muito barulho, mas é covarde. Faz pelas costas. Não tenha medo. Vá em frente com firmeza, com coragem. Comigo ninguém pega. Quando perceber, vai ver que as forças vão afastando essa gente encrencada do seu caminho, porque você tocou para a frente. Se está de pé, isso mostra o quanto você se colocou para a frente, o quanto se firmou.

O povo gosta mesmo de criar confusão, de criar encrenca. Mas vai atrás dos fracos. Dos fortes, ninguém vai, porque também leva. E todo mal volta para quem o fez, direitinho. Estou cansado de ver. E na hora que volta, aquilo é fogo. O povo está fazendo malvadeza? Fique firme, com o coração sereno.

— Ah, nem vou dar bola. Eu vou em frente. Vou ser o dobro do que sou.

Então, volta tudo, em dobro, para quem fez o mal. Estraçalha com a pessoa. Tem muitos de vocês sofrendo porque também tentaram judiar dos outros e não conseguiram. Agora, estão na amargura da miséria do corpo, do espírito, da emoção.

Você está aí sem sucesso afetivo, mas que tipo de afetividade você devolveu para os seus pais? Amou, respeitou seus pais? Nem liga para eles. Como acha que vai ser feliz no amor? Por isso, está voltando para você toda a maldade que fez a eles.

A gente pode não concordar com os pais e não ter que obedecê-los, mas eles merecem o nosso respeito.

Primeiro porque nos criaram e, bem ou mal, estamos aqui, vivos. Merecem, no mínimo, respeito. Se você não é forte o suficiente para amá-los, acima de tudo, como espera ter um grande amor? Como espera que a natureza o cubra de bênçãos se você não abençoou as bênçãos que a própria vida lhe deu? É você mesmo que está negando as bênçãos.

Elas estão aí o dia inteiro: seu corpo, sua vida, o ar. O que você faz com as bênçãos? Nem liga, só reclama, perdendo todas as oportunidades do dia a dia. Fica tão preocupado na sua revolta, no seu medo e na sua esquisitice que até esquece que Deus está lhe dando, a cada momento, uma nova chance de aprender, de crescer e de se tornar uma pessoa cada vez mais poderosa, mais capaz de viver nesse mundo, mais rica e mais forte. No entanto, você joga suas bênçãos fora. Se abençoa uma coisa, esquece de abençoar o resto. Tem que abençoar tudo, porque aí a bênção o conhece. E quando você a reconhece, a bênção reconhece você e entra em sua vida. Mas você fica pedindo:

— Deus, me abençoe.

Mas como vai abençoá-lo se a lei diz que você será julgado pelo que julga? Como vai receber uma bênção, um dom, um milagre de Deus? Não vai, não.

Está tudo bom, porque Deus sabe o que faz com cada um. Está todo mundo na sua lição, indo para o caminho certo. Não tem perdição, *pois tudo que escolhemos na vida nos traz uma lição.* O bom mesmo é aquietar a cabeça e viver com o coração, com firmeza, com coragem e com persistência, pois o mundo é dos fortes, daqueles que ficam firmes, que tomam suas decisões sem pensar no amanhã, mas no que é preciso ser feito agora.

O amanhã, Deus dará, como nos tem dado até hoje.

Rua das Oiticicas, 75 – SP
55 11 2613-4777

contato@vidaeconsciencia.com.br
www.vidaeconsciencia.com.br